DU MÊME AUTEUR

En langue française :

LA LUTTE POUR LA RECONNAISSANCE, Paris, Le Cerf, 2000.

LA SOCIÉTÉ DU MÉPRIS, Paris, La Découverte, 2006.

nrf essais

Axel Honneth

La réification

Petit traité de Théorie critique

Traduit de l'allemand
par Stéphane Haber

Gallimard

L'ouvrage a paru originellement sous le titre *Verdinglichung. Eine anerkennungstheoretische Studie* aux Éditions Suhrkamp en 2005.

Honneth, Axel (1949).
Théorie critique ; critique sociale ; marxisme.

Avant-propos

Le présent ouvrage constitue une version retravaillée et amplifiée du texte des *Tanner Lectures* que j'ai présenté à l'université de Berkeley au mois de mars 2005. Je m'étais proposé de reformuler pour l'époque contemporaine un thème important du marxisme occidental, et cela d'une manière qui puisse être intelligible, dans ses contours théoriques comme dans sa pertinence historique, pour le public de Berkeley, plutôt formé à l'école de la philosophie analytique. Je désirais également montrer la fécondité du concept de reconnaissance, qui appartient à l'héritage encore indépassé de la Théorie critique. Si je n'ai pas mal interprété les réactions du public, cette tentative de jeter un pont entre Francfort et Berkeley semble avoir plutôt réussi. Ce sont surtout les trois « répondants » invités à commenter mes conférences — Judith Butler, Raymond Geuss et Jonathan Lear — qui, grâce à leurs objections extraordinairement pénétrantes et judicieuses, m'ont laissé penser que ma tentative serait accueillie avec un intérêt bienveillant. J'ai cherché à tenir compte de leurs suggestions et de leurs conseils, comme de ceux que j'ai reçus à Francfort de Rahel Jaeggi et de Christopher Zurn. Je suis redevable à toutes ces personnes de la critique résolue à laquelle elles ont soumis mon manuscrit. Enfin, chez mon éditeur, Eva Gilmer a tout fait pour rendre possible une publication rapide de mes leçons. Je la remercie elle aussi chaleureusement pour son engagement.

Francfort-sur-le-Main, mai 2005

« Toute réification est un oubli. »

HORKHEIMER et ADORNO,
Dialectique de la raison

« En fin de compte, tout savoir se fonde sur la reconnaissance. »

WITTGENSTEIN,
De la certitude

INTRODUCTION

Dans le monde germanophone des années vingt et des années trente du siècle dernier, le concept de « réification » est devenu un *Leitmotiv* de la critique de la société et de la culture. La République de Weimar subissait alors un chômage grandissant et était frappée par des crises économiques. Comme dans un miroir concave, ces expériences historiques semblèrent se refléter dans cette expression de « réification » ou dans des concepts voisins. Les rapports sociaux donnaient de plus en plus l'impression d'être soumis à la recherche de finalités terre-à-terre de type calculateur : l'attachement de l'artisan à ses outils et aux produits de son travail se voyait remplacé par une conduite simplement instrumentale, et même les expériences intérieures du sujet semblaient être glacées par le souffle froid de la conduite rationnelle. Cependant, il fallut l'acuité d'esprit d'un philosophe intellectuellement engagé pour que cette sensibilité diffuse puisse s'exprimer dans le concept de « réification ». C'est Georg Lukács qui, dans *Histoire et conscience de classe*[1], un recueil d'articles paru en 1923, forgea ce concept-clé en réunissant audacieusement des motifs issus des œuvres de Marx, de Max Weber et de Georg Simmel. Au centre de ce volume, qui est porté par l'espoir d'une révolution imminente, figure l'essai en trois parties sur « la réification et la conscience du prolétariat[2] ». Cet essai a incité une génération entière de philosophes et de sociologues à analyser les formes de vie dominantes à l'époque comme une conséquence de la réification sociale[3].

Au lendemain de la Seconde Guerre mondiale, cette catégorie a perdu le rôle central qui fut le sien dans les diagnostics portés sur l'époque contemporaine. Cette rupture dans l'histoire de la civilisation que constitua l'Holocauste inhiba-t-elle la tendance spéculative aux diagnostics hyperboliques sur la société ? En tout cas, désormais, les théoriciens de la société et les philosophes se contentèrent largement d'analyses portant sur les déficits de la démocratie et de la justice, sans plus faire usage de concepts tels que « réification » ou même « commercialisation », qui dénotaient, quant à eux, des pathologies. Bien que de telles perspectives aient assurément survécu dans les écrits de l'École de Francfort, particulièrement dans les travaux d'Adorno, et que le souvenir de l'étude de Lukács ait été brièvement ravivé par le mouvement étudiant de la fin des années soixante et du début des années soixante-dix[4], le projet d'une analyse de la réification semblait, dans l'ensemble, appartenir à un passé depuis longtemps révolu. Parler de « réification » apparaissait comme le symptôme d'une volonté entêtée de revenir à une époque de la culture qui avait perdu sa légitimation du fait de l'après-guerre, de ses réformes culturelles et de ses renouvellements théoriques.

Or, récemment, se sont multipliés les signes suggérant que la situation pourrait changer de nouveau. Comme si son dépassement historique n'avait pas été philosophiquement assumé, la catégorie de « réification » réémerge des profondeurs de l'époque engloutie de la République de Weimar pour s'imposer de nouveau sur le devant de la scène intellectuelle. Trois, voire quatre indices favorisent l'hypothèse de ce changement de sensibilité dans le diagnostic sur l'époque présente. Tout d'abord, et pour commencer par le plus simple, nombre de romans et de récits cherchent depuis peu à doter d'une espèce d'*aura* esthétique la pénétration des valeurs économiques dans notre vie quotidienne. En utilisant certains procédés stylistiques ou certains champs lexicaux choisis, ces œuvres littéraires suggèrent que l'on doit voir le monde social comme si ceux qui y vivent se traitaient eux-mêmes et traitaient les autres comme des objets morts, dénués de tout sentiment et ne manifestant aucune volonté de se mettre à la place d'autrui. Cela va des écrivains américains Raymond Carver et Harold Brodkey aux auteurs de langue allemande Elfriede Jelinek et Silke Scheuermann, en passant par l'actuel « enfant terrible » de la littérature française, Michel Houellebecq[5]. Si, dans ces œuvres de fiction, la réification ne revêt que la forme d'une certaine atmosphère, les analyses sociologiques récentes l'étudient plutôt comme une forme de comportement humain qui s'est transformée historiquement. Dans le domaine de la sociologie de la culture ou dans celui de la psychologie sociale, innombrables sont aujourd'hui les recherches qui constatent que les sujets ont une tendance de plus en plus forte à feindre d'éprouver des sentiments ou des désirs par opportunisme, jusqu'au point où ils en viennent à les éprouver effectivement comme s'il s'agissait d'éléments authentiques de leur propre personnalité[6]. Cette forme d'automanipulation émotionnelle, Lukács l'avait bien perçue lorsqu'il traitait du journalisme comme d'une manière de « prostituer » les « expériences vécues et les convictions[7] », y voyant le comble de la réification sociale.

Assurément, le concept de « réification » n'intervient pas plus explicitement dans ces diagnostics qui portent sur la tendance au *management* des émotions que dans la plupart des œuvres littéraires contemporaines qui saisissent cette atmosphère de froide rationalité et de manipulation que nous avons évoquée. Mais cela n'est plus vrai de la troisième classe de textes qui laissent penser aujourd'hui que nous assistons à un retour de la thématique de la réification. Dans le domaine de l'éthique ou de la philosophie morale, se multiplient désormais des tentatives qui visent à saisir théoriquement des phénomènes sociaux que Lukács avait pu pleinement anticiper dans son analyse. Le concept de « réification » est alors explicitement utilisé, sans cependant qu'une référence soit faite au texte dans lequel il a été originairement élaboré. Ainsi Martha Nussbaum nomme-t-elle clairement « réification » les formes extrêmes du traitement instrumental des autres personnes[8] ; Elizabeth Anderson, pour sa part, bien qu'elle s'abstienne d'utiliser ce concept, n'en analyse pas moins les phénomènes, entièrement comparables, de l'aliénation économique dans la vie contemporaine[9]. Dans ce contexte éthique, il est question de « réification » ou de processus apparentés à la réification dans un sens décidément normatif. On définit par là un comportement humain qui viole des principes moraux ou éthiques, dans la mesure où il traite les autres sujets non pas conformément à leurs qualités d'êtres humains, mais comme des objets dépourvus de sensibilité, des objets morts, voire des « choses » ou des « marchandises ». Les phénomènes empiriques auxquels se réfèrent ces définitions correspondent à des tendances différentes, qui vont de la demande croissante de mères porteuses à la marchandisation des relations amoureuses ou encore au développement explosif de l'industrie du sexe[10].

Il est, pour finir, un quatrième contexte dans lequel la catégorie de « réification » se trouve aujourd'hui de nouveau utilisée afin de caractériser, de manière conceptuellement articulée, certaines évolutions frappantes de notre temps. Dans les récents débats à propos des recherches sur le cerveau, leurs résultats et leurs effets sociaux, il a souvent été argué que l'approche strictement naturaliste reflète une attitude réifiante de la part du chercheur : en se proposant d'expliquer les affects et les actions humaines par la seule analyse des connexions neuronales dans le cerveau, le chercheur ne fait-il pas abstraction de l'ensemble du savoir qui a été acquis au cours de l'expérience ordinaire ? Et ne traite-t-il pas l'homme uniquement comme une machine automatique qui ne fait aucune expérience, comme une chose, en quelque sorte ? À l'instar de ce qui se passe dans la démarche éthique, le concept de réification est ici essentiellement invoqué pour caractériser la transgression de principes moraux. Le fait que l'étude neurophysiologique de l'homme ne prenne apparemment pas en considération ses qualités personnelles est alors vu comme un cas de « réification[11] ». Dans ces deux contextes, les connotations ontologiques du concept, avec sa référence aux simples choses, ne jouent donc qu'un rôle subordonné, marginal. Ce n'est pas parce qu'un certain comportement, le comportement « réifiant », viole les présupposés ontologiques de notre action quotidienne qu'il passe pour problématique ou pour faux, mais parce qu'il viole certains principes moraux. À l'encontre de cette position, Lukács pensait encore pouvoir mener à bien son analyse sans faire référence à des principes éthiques. Dans son essai, il prend le concept de « réification » de manière littérale, afin de caractériser une pratique que l'on peut qualifier de fausse du fait qu'elle ne correspond pas à certaines données ontologiques.

Bien qu'elle s'abstienne entièrement de recourir au vocabulaire moral, l'analyse de la réification à laquelle procède Lukács possède évidemment un contenu normatif. Après tout, le recours au concept de « réification » révèle déjà, chez celui qui l'utilise, que, à travers les phénomènes qu'il dépeint, se joue une manière de manquer une attitude « authentique », « juste », à l'égard du monde. Lukács finit par supposer chez ses lecteurs un acquiescement à la nécessité historique, qu'il proclame, d'une révolution destinée à transformer la société actuelle. Cependant, ces jugements implicites n'atteignent jamais théoriquement le niveau argumentatif où les évaluations se formulent et se fondent. Lukács, en effet, voit dans la réification non pas la violation de principes moraux, mais une manière de manquer une pratique humaine ou encore une attitude qui constitue la rationalité de notre forme de vie[12]. Les arguments qu'il produit contre la réification capitaliste de nos conditions de vie ne possèdent un caractère normatif qu'indirect : celui-ci résulte d'éléments descriptifs propres à une ontologie sociale ou à une anthropologie philosophique qui cherche à saisir les fondements rationnels de notre existence. En ce sens, on peut dire de l'analyse de la réification chez Lukács qu'elle offre l'explication, du point de vue de l'ontologie sociale, d'une pathologie propre à notre vie pratique[13]. Il n'est pas certain que nous puissions encore aujourd'hui nous exprimer comme si les objections contre une certaine forme de vie pouvaient trouver leurs fondements dans une ontologie sociale. À vrai dire, il n'est même pas évident que, de façon générale, nous puissions encore, étant donné les très fortes demandes en actions stratégiques qui sont celles des sociétés contemporaines, exprimer une pensée cohérente grâce au concept de « réification ».

Chapitre premier

La réification chez Lukács

Répondre à la question de savoir si le concept de « réification » peut être aujourd'hui utilisé avec pertinence implique d'abord de revenir à l'analyse classique de Lukács. À vrai dire, nous constaterons rapidement que les catégories que celui-ci mobilise ne suffisent pas à conceptualiser correctement les réalités qu'il saisit souvent de manière exacte d'un point de vue phénoménologique. Lukács s'en tient étroitement à la compréhension courante du concept de « réification » — la compréhension ontologisante — quand, se réclamant de Marx, il affirme en ouverture de son essai que la réification ne signifie rien d'autre que le fait « qu'une relation entre personnes prend le caractère d'une chose[1] ». Sous cette forme élémentaire, le concept désigne évidemment le processus cognitif par lequel un être qui ne possède aucune propriété particulière des choses, par exemple un être humain, est néanmoins perçu comme une chose. La réification consiste-t-elle alors en une simple erreur épistémique de catégorie, en une action moralement inadéquate, voire en une forme d'activité distordue de part en part ? La réponse paraît d'abord manquer de clarté, mais bientôt il appert qu'il ne s'agit pas d'une simple erreur de catégorie. Le processus de réification présente, en effet, un caractère de diversité et de stabilité que l'existence d'une erreur cognitive ne semble pas vraiment pouvoir expliquer. La cause sociale qui explique à la fois la généralité et l'élargissement de la réification, selon Lukács, est l'extension de l'échange marchand qui, avec l'établissement des sociétés capitalistes, est devenu le mode dominant de l'activité intersubjective. Dès que les sujets commencent à régler les relations qu'ils entretiennent avec leurs congénères sur le mode de l'échange de marchandises équivalentes, ils sont contraints d'inscrire leur rapport à l'environnement dans une relation réifiée; ils ne peuvent plus percevoir les éléments d'une situation donnée qu'en évaluant l'importance de ces éléments à l'aune de leurs intérêts égoïstes. Le changement de perspective ainsi produit s'exprime dans différentes directions qui, pour Lukács, correspondent aussi aux diverses formes de la réification. Dans l'échange marchand, les sujets se contraignent réciproquement (a) à ne percevoir les objets donnés que comme des « choses » dont ils pourront éventuellement tirer profit, (b) à ne voir leurs partenaires que comme les « objets » d'une transaction intéressée, et (c) à ne se rapporter à leurs propres facultés qu'en tant que « ressources » supplémentaires dans le cadre du calcul des opportunités de profit. Par le concept de « réification », Lukács rassemble tous ces bouleversements, qui concernent donc les rapports au monde objectif, à la société et au soi, sans s'arrêter aux différences et aux nuances. L'appréhension quantitative de l'objet, le traitement instrumental d'autrui, le fait de se rapporter à l'ensemble de ses propres capacités et de ses besoins comme à quelque chose d'économiquement profitable — tout cela est subsumé sous le terme de chosification. Ainsi qualifiera-t-on de « réifiantes » toute une série de conduites, qui vont de l'égoïsme brut au triomphe des intérêts économiques, en passant par l'absence d'empathie (*Teilnahmlosigkeit*) à l'égard d'autrui.

Lukács, dans son analyse, cherche toutefois à proposer autre chose qu'une simple phénoménologie de ces changements d'attitude qui sont exigés des hommes dès lors que ceux-ci participent à l'échange de marchandises. À vrai dire, dès le début, son intérêt se porte presque exclusivement sur les phénomènes que Marx avait décrits grâce à l'expression de « fétichisme de la marchandise[2] » ; mais bientôt, il détache son propos de la sphère économique et observe l'effet des contraintes exercées par la réification dans l'ensemble de la vie quotidienne à l'époque du capitalisme. Le texte ne laisse pas apparaître clairement la manière dont l'auteur procède, du point de vue théorique, pour opérer cette généralisation. Lukács semble en effet hésiter entre deux stratégies d'explication : d'une part, il semble se rattacher à l'argument fonctionnaliste selon lequel l'extension du capitalisme exige que toutes les sphères de la vie soient investies par le modèle d'action inhérent à l'échange marchand[3] ; d'autre part, il se rapproche en même temps de Max Weber en suggérant que le processus de rationalisation conduit par lui-même à l'extension des attitudes à finalité rationnelle (*zweckrationalen Einstellungen*) à des sphères sociales qui avaient été jusque-là dominées par des conduites de type traditionnel[4]. Bien que le principe de cette généralisation apparaisse problématique, c'est grâce à elle que Lukács parvient à la thèse centrale de son étude, la thèse selon laquelle la réification est devenue une « seconde nature[5] » de l'homme dans le capitalisme : tous les sujets qui participent à la forme de vie capitaliste doivent nécessairement acquérir l'habitude de se percevoir eux-mêmes et de percevoir le monde environnant selon le schéma de l'objet chosal.

La question de savoir quelle sorte d'erreur est impliquée dans la réification nécessite de restituer la démarche de Lukács. Jusque-là, comme nous l'avons vu, il avait appliqué sans façon le concept de « chose », de « choséité », à tous les phénomènes qu'un sujet peut tenir dans son environnement ou en lui-même pour des facteurs économiquement utiles. Qu'il s'agisse d'objets, de personnes, de compétences et de sentiments propres au sujet, tout devient chose, tout devient objet sitôt que ces éléments sont saisis du point de vue de leur utilité dans les transactions économiques. Mais rien, dans cette stratégie conceptuelle, ne justifie naturellement l'idée que la « réification » se constitue en « seconde nature ». Pour qu'il en soit ainsi, il faut que s'opère un transfert vers les sphères sociales et vers les dimensions non économiques de l'action. Comment expliquer le sens que revêt la réification à l'extérieur des sphères d'activité dominées par la circulation des biens équivalents, dès lors que ce concept, à l'origine, vise à décrire le processus par lequel tous les éléments d'une situation sont redéfinis comme des facteurs économiquement calculables ? Il faut noter que Lukács semble avoir perçu le problème, car il modifie assez rapidement l'orientation de sa réflexion dans la suite de son analyse. Après s'être concentré sur les transformations qui se produisent du côté des objets du fait de la réification, il porte son attention sur celles dont le sujet peut faire l'expérience en lui-même. C'est aussi sur le « comportement » du sujet, affirme désormais Lukács, que les contraintes propres à l'échange entre biens équivalents ont des conséquences telles qu'elles affectent l'ensemble de son rapport à la réalité environnante. Qu'un agent adopte durablement le rôle de partenaire dans un échange, il devient alors un observateur que définit une position de « contemplation », de « détachement », « tandis que sa propre existence est réduite à une partie isolée, intégrée à un système étranger[6] ». Ces concepts — attitude contemplative (*Kontemplation*), détachement (*Teilnahmlosigkeit*) — sont indispensables à la compréhension de ce qui se passe au niveau de l'action sociale quand la réification se produit. Le sujet ne participe plus lui-même de manière active aux processus par lesquels il agit sur le monde environnant ; il se place dans la perspective d'un observateur neutre qui n'est pas concerné par les différents événements psychiques ou existentiels. L'idée d'« attitude contemplative » désigne moins la position de celui qui s'immerge dans quelque chose ou qui se concentre sur quelque chose que celle d'un observateur qui laisse passivement les choses se faire tout en les observant. Le « détachement », le « désintéressement » signifient que l'agent n'est plus affecté émotionnellement par les événements, mais les laisse se dérouler sans se sentir pour autant concerné par eux.

On le voit, cette stratégie conceptuelle constitue, pour Lukács, le fondement de ce que signifie la notion de « réification » au sens d'une « seconde nature » de l'homme. Bien qu'un certain nombre de chaînons fassent encore défaut dans son argumentation, l'idée essentielle peut être correctement résumée ainsi : dans la sphère toujours en expansion de l'échange marchand, les sujets sont contraints de se comporter par rapport à la vie sociale en observateurs distanciés plutôt qu'en participants actifs, parce que tous les calculs qu'ils font au cours de ces actions et à propos de ce qu'ils pourraient obtenir les uns des autres exigent une position purement rationnelle et aussi exempte d'émotions que possible. Ce changement de perspective s'accompagne d'une perception « réifiante » de tous les éléments de la situation à laquelle le sujet se trouve confronté, du fait que les objets à échanger, les partenaires de l'échange et, finalement, les capacités propres au sujet ne s'apprécient plus qu'en fonction de leurs caractéristiques quantifiables et de leur utilité telle qu'elle est révélée dans la quête du profit. Cette attitude devient une « seconde nature » lorsque, grâce à la socialisation, elle se développe à la manière d'une habitude réglée qui détermine la conduite individuelle dans toutes les dimensions de la vie quotidienne, sans exception. Dans de telles conditions, les sujets commencent également à percevoir les éléments de leur environnement selon le modèle de traits propres aux choses, même quand ils ne sont pas immédiatement impliqués dans les échanges. Ainsi, ce que Lukács entend sous le terme « réification », c'est la disposition (*Habitus*) ou encore l'habitude correspondant à l'attitude simplement contemplative par laquelle l'environnement naturel, le monde social, ainsi que les capacités du sujet, sont saisis d'une manière désintéressée et affectivement neutre, à la manière de choses.

Grâce à cette brève reconstruction de l'argumentation de Lukács, on perçoit quels erreurs ou manquements il ne pouvait *pas* viser avec la « réification ». La perspective trompeuse de la réification, comme nous l'avons déjà vu, ne s'identifie pas à une simple erreur de catégorie. Non pas parce qu'il s'agit d'un syndrome comportemental à la fois polymorphe et stable, mais parce que ce changement d'attitude pénètre si profondément dans nos habitudes et nos conduites qu'il ne suffit pas d'une simple correction pour le surmonter, contrairement à ce qui passerait avec une erreur cognitive. La réification constitue une « posture[7] » (*Haltung*), un mode de conduite si développé dans les sociétés capitalistes, que l'on peut parler à son propos d'une « seconde nature » de l'homme. On voit par là que la « réification » selon Lukács ne peut pas non plus être conçue comme une conduite immorale, comme une infraction à des principes moraux. Pour que la terminologie morale soit pertinente dans l'analyse de cette posture, il faudrait qu'une intention subjective intervienne. À la différence de Martha Nussbaum, Lukács ne s'intéresse pas à la question de savoir à partir de quel moment le fait de réifier d'autres personnes équivaut à exprimer en pratique le mépris que l'on a pour elles[8]. D'après lui, tous les membres des sociétés capitalistes adoptent, du fait de leur socialisation, le système de comportement réifiant, de sorte que, pour Lukács, le traitement instrumental d'autrui n'est d'abord qu'un fait social, et non pas une faute morale.

Nous voici parvenus au point où s'esquisse la façon dont Lukács voudrait que l'on comprenne le concept-clé de son analyse. Si la réification n'est ni une simple erreur de catégorie ni une faute morale, elle ne peut être représentée que sous la forme d'une pratique (*Praxis*) manquée. L'attitude détachée, observatrice — caractéristique de la réification telle que Lukács cherche à la concevoir —, forme un ensemble d'habitudes et d'attitudes qui contredisent les règles de ce que serait une forme plus originaire ou encore meilleure de pratique humaine. Cette formulation permet de voir que la compréhension lukácsienne du concept de réification n'est pas exempte d'implications normatives. Mais puisqu'il ne s'agit pas d'une violation de principes moraux, la tâche, plus difficile, consiste à prouver l'existence d'une pratique « vraie », « authentique » qui s'oppose à sa forme distordue, atrophiée. Les principes normatifs qui orientent Lukács dans son analyse de la réification ne consistent pas dans un ensemble de commandements moraux légitimes; ils s'enracinent dans un concept de ce qu'est la pratique humaine vraie. Ce concept tire sa justification des énoncés de l'ontologie sociale ou de l'anthropologie philosophique, bien plus que du domaine traditionnellement désigné par les termes de « philosophie morale » ou d'« éthique[9] ».

Néanmoins, on ne saurait dire que Lukács, face à cette question normative, ait adopté une position claire. Bien qu'il ait une forte tendance à polémiquer, à la suite de Hegel, contre l'idée du « devoir abstrait », il est en même temps tout à fait conscient du fait que parler de la pratique réifiante et de la « posture » propre à la réification demande à être justifié par une conception de ce qu'est la pratique humaine vraie. C'est ainsi qu'il parsème son texte de remarques destinées à éclairer le problème consistant à savoir à quoi pourrait ressembler un rapport pratique au monde qui ne serait pas affecté par la contrainte de la réification. Du sujet agissant, il dit ainsi qu'il doit être pensé comme faisant l'expérience du monde « de manière directe » (« *miterlebend*[10] »), comme une « unité organique[11] », et comme « coopératif », tandis qu'il parle du monde comme de quelque chose dont on peut faire l'expérience, à titre de sujet impliqué et participant, à la manière d'un ensemble « qualitativement unique[12] », ou encore de quelque chose d'« essentiel[13] », de déterminé dans son contenu. À ces passages, parfaitement intelligibles et défendables d'un point de vue anthropologique, s'opposent, de façon curieuse, d'autres formulations dans lesquelles Lukács cherche à résumer sa vision de la pratique « vraie » en recourant à Fichte et à Hegel. Il semblerait alors que nous ne puissions parler d'activité non distordue qu'à la condition que l'objet soit pensé comme le produit du sujet et que coïncident finalement l'esprit et le monde[14]. Ces passages montrent à quel point Lukács, dans sa critique de la réification, reste très largement influencé par une conception de l'« activité » issue de la philosophie de l'identité, et notamment de la conception fichtéenne de l'agir spontané de l'esprit[15]. Il n'est pas douteux aujourd'hui que Lukács, en fondant de cette manière sa critique de la « réification », a rendu irréalisable toute tentative de la justifier du point de vue de la théorie sociale[16]. Pourtant, derrière ces formulations explicites de nature idéaliste, le texte en offre d'autres, qui sont plus modérées : ainsi, lorsque l'auteur affirme que la pratique authentique, « vraie », se caractérise par le fait que l'agent participe à quelque chose, engage des intérêts dans quelque chose que vient détruire l'extension de la sphère de la valeur d'échange. Ici, le modèle qui sert de référence pour analyser par contraste la pratique réifiante, ce n'est pas celui d'une production de l'objet par un sujet pensé comme un être collectif, mais une autre attitude du sujet, une attitude intersubjective. Ces traces d'une autre façon d'aborder le problème de l'envers de la réification et de sa nature me retiendront désormais. En effet, je m'attellerai à la tâche de savoir s'il y a du sens à réactualiser le concept de « réification » en le comprenant comme le signe de l'atrophie et de la distorsion d'une pratique originaire dans laquelle l'homme entretient une relation engagée (*ein anteilnehmendes Verhältnis*) par rapport à soi et par rapport au monde.

Une telle tentative de réhabilitation se heurte toutefois à une série d'obstacles qui eux-mêmes résultent de problèmes propres à l'ouvrage de Lukács qui n'ont pas été thématisés jusqu'ici. L'argumentation de Lukács est rendue particulièrement difficile par sa stratégie « officielle » qui prend comme point de repère de la critique de la réification un concept de pratique qui, à la manière idéaliste traditionnelle, conçoit l'ensemble de l'objectivité comme dérivée de l'activité générique. Mais elle est tout autant rendue difficile par la thèse de philosophie sociale, problématique dans son raisonnement, selon laquelle seule l'extension du domaine de l'échange de biens marchands cause la transformation des conduites — une transformation qui pénètre progressivement toutes les sphères de la vie des sociétés modernes. Demeure obscure dans cette affirmation la prémisse marxiste selon laquelle la participation aux processus d'échange revêt une signification si remarquable pour l'individu qu'elle modifie durablement l'ensemble du rapport qu'il entretient à lui-même et au monde ou qu'elle met ce rapport sens dessus dessous. Dans le même ordre d'idées, ne peut-on pas dire que Lukács sous-estime particulièrement le fait que des sociétés hautement différenciées sont vouées, pour des raisons liées à l'exigence d'efficacité, à faire en sorte que leurs membres apprennent à se rapporter à eux-mêmes et aux autres sur le mode stratégique ? S'il en était ainsi, une critique de la réification, renonçant à être aussi totalisante que celle de Lukács, devrait être à même de définir les sphères sociales dans lesquelles la conduite observatrice, désengagée, a sa place pleinement légitime[17]. Ces obscurités et ces problèmes non résolus, je n'entends pas en traiter systématiquement et dans le détail. J'espère plutôt reformuler dans le langage d'une théorie de l'action la conception lukácsienne de la réification, de manière à dégager une perspective nouvelle dans laquelle ces questions, demeurées sans réponse, perdent leur caractère dramatique et fassent place à des réflexions éclairantes, mais d'un autre ordre.

Chapitre II

De Lukács à Heidegger et à Dewey

J'ai montré que Lukács, dans le développement de sa critique de la réification, cherche implicitement à rendre intelligible son recours à l'idée d'une forme « vraie », non distordue, de la pratique humaine par deux voies opposées. D'un côté, il donne explicitement l'impression de vouloir critiquer les pratiques réifiantes qui se sont figées en une « seconde nature » en les évaluant à partir de l'idéal d'une pratique générique grâce à laquelle toute la réalité effective serait produite en dernier ressort par l'activité du travail qui est le propre du genre humain. Ce modèle, indépendamment du fait qu'il repose sur des prémisses idéalistes, ne conduit à rien, puisqu'il suppose que l'existence d'objets au sens fort, d'êtres qui n'ont pas été produits, est un signe de réification. Dans le second modèle, au contraire, Lukács semble implicitement accorder plus d'importance à ce que lui-même écrit à propos de la modalité « observatrice » des pratiques et des attitudes subsumées sous le terme de « réification ». Car dans cette approche implicite, que le texte suggère de façon suffisamment claire, le déficit propre à la posture réifiante est mesuré à l'aune d'un idéal de la pratique humaine que caractérisent la participation active et l'engagement existentiel. Ici, la dimension idéaliste s'estompe : il s'agit plutôt d'une forme d'interaction que d'une forme d'activité qui produirait le monde. À suivre le fil de cet aspect de la réflexion de Lukács, nous sommes frappés par l'affinité étonnante entre ses idées et celles que développèrent John Dewey et Martin Heidegger peu après la parution de son livre[1]. En tirant ce fil jusqu'à l'époque contemporaine, on rencontrerait Stanley Cavell parmi les auteurs dont les thèmes croisent ceux de la seconde version de la critique lukácsienne de la réification[2]. La convergence entre Lukács et Heidegger permet d'éclaircir le concept d'une pratique définie par la « participation » : c'est sur elle que portera d'abord mon propos.

Le fait a été souvent relevé : il existe plus que des points de contact superficiels entre l'essai de Lukács et *Être et temps* de Heidegger[3]. Cette « affinité élective » d'ordre intellectuel apparaît encore plus nettement à la lecture des cours que Heidegger a prononcés en 1924 sur Aristote[4]. Pour pouvoir établir correctement les correspondances entre les deux auteurs, il faut d'abord rappeler que Lukács visait à autre chose qu'à une critique des effets réifiants de la forme économique propre au capitalisme. Il entendait aussi montrer que la philosophie moderne était vouée à se heurter à des antinomies insolubles parce qu'elle restait prisonnière du schéma de l'opposition du sujet et de l'objet, lui-même enraciné dans une culture quotidienne réifiée[5]. Or, l'intention de critiquer la philosophie moderne en suivant le fil conducteur de son attachement au dualisme sujet-objet constitue aussi le point de départ de Heidegger. Comme Lukács, l'auteur d'*Être et temps* est convaincu que le primat accordé à l'idée selon laquelle nous pourrions saisir la réalité de manière neutre explique la cécité ontologique qui nous a rendus aveugles aux structures de l'existence humaine. Assurément, Heidegger ne partage pas l'autre intention de Lukács, qui voudrait expliquer le privilège philosophique du schéma sujet-objet par la forme de vie propre à la société capitaliste. Les considérations relevant de la théorie sociale sont toujours restées si étrangères à Heidegger qu'il n'a jamais fait la moindre tentative pour interroger à partir de ses conditions sociales la tradition de l'ontologie qu'il critiquait. Mais, pour l'essentiel, les deux auteurs s'accordent sur le projet d'une subversion ou d'une « destruction » de la représentation traditionnelle qui oppose un sujet neutre et un monde : ils sont pareillement amenés à proposer une conception alternative à cette représentation.

Cette tâche, on sait que Heidegger s'en acquitte grâce à une analyse existentielle-phénoménologique qui se fixe pour but de démontrer que le monde est toujours déjà ouvert pour l'activité quotidienne du *Dasein.* Normalement, nous ne nous tenons pas en face de la réalité dans la posture d'un sujet qui cherche à la connaître ; nous nous occupons toujours de quelque chose dans le monde, de sorte que celui-ci se donne comme un champ de significations pratiques. Le concept utilisé par Heidegger pour rendre compte de cette relation pratique au monde est celui de « souci[6] ». On peut rapprocher une telle entreprise des analyses qui, chez Lukács, cherchent à parvenir à un concept élargi de pratique, au-delà du simple contraste fourni par la conduite observatrice. En effet, tout comme le concept heideggérien de « souci », l'idée lukácsienne d'une pratique participante, engagée, est censée constituer l'instrument grâce auquel on pourra renverser la priorité accordée au schéma sujet-objet. Dès lors que l'on introduit un rapport pratique au monde, le sujet ne fait plus face au monde comme à quelque chose qu'il faudrait connaître ; il se rattache à lui en fonction d'intérêts existentiels qui font qu'il s'ouvre à ce monde selon une significativité particulière. Mais en expliquant cette seconde raison de la proximité entre les deux auteurs, il faut garder à l'esprit le fait que, apparemment, Lukács raisonne très différemment de Heidegger. Tandis que l'auteur d'*Être et temps* entend montrer que le langage mentaliste de l'ontologie traditionnelle ne fait que déformer notre regard sur le souci entendu comme le caractère factuel de notre existence quotidienne, Lukács raisonne en fonction de prémisses bien différentes : en fonction de l'idée selon laquelle la réification croissante dans le capitalisme a déjà détruit les chances de voir s'épanouir une pratique participante, engagée. De cette manière, il ne peut comprendre son entreprise théorique comme le dévoilement de quelque chose de déjà donné, mais plutôt comme l'esquisse d'un mode possible d'existence de l'homme dans l'avenir. Cette différence méthodologique se traduit par le fait que Lukács, contrairement à Heidegger, ne peut réfuter la prédominance de l'ontologie traditionnelle en invoquant la réalité factuelle. Il se voit plutôt contraint d'identifier dans la réalité l'expression de rapports réifiés qui devraient effectivement être dépassés si la forme sociale propre au capitalisme venait à être supprimée.

Cette nuance, qui est une source de complexité, révèle l'un des problèmes les plus difficiles posés par le texte de Lukács. À l'observer en détail, son argumentation ne permet pas de savoir si elle implique la conclusion selon laquelle le processus de réification a d'ores et déjà éliminé tous les éléments propres à une pratique « vraie », participante et engagée. Car, surtout dans la dernière section de son essai qui traite du « devenir-conscient » du prolétariat, figurent nombre de passages qui semblent aller dans le sens contraire. En se rattachant fermement à Fichte, Lukács cherche à y montrer que le dépassement des relations sociales réifiées ne peut être pensé que comme un mouvement par lequel la classe ouvrière prend conscience des opérations productrices qui la définissent. Selon cette conception dialectique, c'est justement parce que le prolétariat subit une vie profondément diminuée et réifiée que doit advenir en lui, comme au terme d'un retournement spontané, la connaissance du fait que « les objets sociaux ne sont pas des choses, mais des relations entre hommes[7] ». Si nous faisons abstraction des aspects excessifs de ce raisonnement, lesquels relèvent d'une philosophie de l'histoire spéculative, et si nous le réduisons à un noyau plus modeste, subsiste alors le constat selon lequel, dans un monde réifié, la forme non réifiée de la pratique n'est pas, en quelque sorte, éliminée, mais seulement écartée du champ de la conscience. Tout comme Heidegger, Lukács pourrait donc admettre que les relations réifiées ne forment qu'un cadre d'interprétation faux, une sorte de voile ontologique derrière lequel se cache un mode de l'existence humaine factuellement et réellement vécu.

En suivant cette ligne interprétative à laquelle le texte de Lukács n'offre d'ailleurs guère d'alternative crédible, il appert que les deux penseurs s'accordent dans une large mesure sur la façon dont ils situent chacun leur concept respectif de pratique. L'idée d'une activité participante chez Lukács, le « souci » selon Heidegger, désignent pareillement une forme d'orientation pratique qui caractérise le mode d'être particulier à l'homme selon sa structure propre. Car à l'encontre de la représentation dominante, devenue une « seconde nature », selon laquelle l'homme s'efforce de saisir la réalité par la connaissance et de façon neutre, son existence est comprise à partir d'un engagement existentiel, d'un « engagement soucieux » (« *Besorgtheit* »), qui lui fait découvrir un monde signifiant. Cette propriété élémentaire de la pratique humaine doit-elle cependant demeurer perceptible, même sous une forme rudimentaire, dans les relations sociales ? Certes, celles-ci, selon Lukács, ont été perverties par l'extension du domaine de l'échange marchand. Mais sans ce maintien de l'engagement soucieux, Lukács ne pourrait soutenir qu'une simple prise de conscience — et non pas, par exemple, une anticipation ou une réminiscence historiques — suffit à éclairer, au sein même des relations sociales réifiées, ce qu'est factuellement la pratique en tant que participation. En ce sens, les deux penseurs partagent la conviction selon laquelle, au cœur même d'un présent historique faux, ontologiquement aveuglé, les structures élémentaires de l'existence humaine caractérisées par l'engagement soucieux et l'intérêt pris au monde demeurent encore présentes.

Cette communauté de vue a comme conséquence supplémentaire que Lukács et Heidegger s'accordent sur un troisième point, qui est décisif. Jusqu'ici, ma reconstruction a montré que Lukács, à travers le terme de « réification », n'entendait viser ni une simple erreur de catégorie ni une défaillance morale, mais une fausse « posture », une fausse habitude, une forme de pratique devenue routinière. Cette interprétation ne saurait toutefois être complètement exacte s'il est vrai que les deux auteurs s'accordent en même temps sur le fait que la représentation des rapports réifiés est une sorte de voile qui dissimule la réalité d'une pratique que définissent l'engagement soucieux et la participation de l'agent. Dans ces conditions, en effet, Lukács devrait admettre que la réification ne constitue pas une forme fausse de pratique routinière, mais une manière fausse d'interpréter la pratique humaine, laquelle demeurerait « vraie » sous ses formes élémentaires. En parlant de relations réifiées, on voudrait donc dire que les acteurs qui vivent dans de telles conditions comprennent mal des pratiques qu'ils accomplissent toujours déjà correctement dans leur vie quotidienne. Mais ces fausses interprétations ne sauraient aucunement avoir d'influence sur la façon dont les sujets agissent effectivement. Lukács, tout comme le ferait Heidegger, affirmerait que la domination de la division du sujet et de l'objet et l'hégémonie du schéma de la « présence subsistante » (*Vorhandenheit*[8]) exercent un effet négatif, si ce n'est destructeur, sur notre pratique quotidienne. À cause de cette nuance supplémentaire, les deux auteurs se voient contraints de soutenir une thèse dont le contenu serait à peu près le suivant : l'habitude de concevoir la relation à soi-même et au monde environnant d'après le modèle d'une saisie neutre de données chosales, habitude qui est devenue seconde nature, fait aussi que, à la longue, l'activité humaine prend un autre visage, revêt une forme réifiée, mais sans que le souci qui marque originairement cette pratique puisse être complètement éliminé. Cette propriété primordiale s'impose toujours sous la forme d'un savoir préréflexif ou de pratiques marginales élémentaires : c'est pour cela qu'une analyse critique peut à un moment donné la rendre consciente. Pour compléter la thèse ainsi esquissée, il aurait suffi à Lukács de préciser que les habitudes de pensée réifiantes trouvent moins leur origine dans une fausse ontologie que dans la généralisation de l'échange marchand. La transformation grandissante des pratiques dans le sens d'une activité dépourvue de participation résulte des contraintes qu'exerce sur les habitudes interprétatives des sujets le fait qu'ils prennent part à des processus sociaux d'échanges qui n'exigent d'eux qu'une attitude calculatrice.

À ce point de ma démonstration, la question se pose de savoir si le concept heideggérien de « souci » peut réellement contribuer à éclairer la pratique que suppose la critique de la réification chez Lukács. Le possible recours au concept heideggérien s'impose du fait que Lukács, selon la seconde des interprétations de sa théorie, caractérise les structures de la pratique originaire en définissant les propriétés qui semblent faire défaut au comportement réifié, simplement observateur. Cela nous conduit à présent à prendre conscience du fait que les êtres humains doivent en fait constamment se rapporter au monde d'une façon engagée et intéressée. Ce comportement, Heidegger l'appelle « souci ». Au premier abord, cela semble indiquer plus que ce que l'on décrit aujourd'hui comme la « perspective du participant » par opposition à la perspective du simple observateur. Normalement, les sujets humains participent à la vie sociale en se plaçant eux-mêmes dans la position de celui ou de celle qu'ils ont en face d'eux, dont ils ont appris à comprendre les désirs, les attitudes et les pensées comme des motifs d'action. Si, à l'inverse, un sujet échoue à adopter la perspective d'autrui et adopte ainsi une posture simplement détachée, contemplative, c'est le lien rationnel propre à l'interaction humaine qui se rompt parce que cette dernière n'est plus médiatisée par la compréhension réciproque des motifs de l'action[9]. Ainsi, les deux éléments qui caractérisent ce que l'on appelle la perspective du participant sont l'adoption de la perspective d'autrui et la compréhension de son action qui en résulte. Mais ces éléments recoupent-ils vraiment les mêmes dimensions que Heidegger entendait mettre en valeur avec son concept de « souci » ou Lukács avec son idée d'une pratique « engagée » ? Les intuitions que les deux penseurs associent à leur critique de la prédominance du schéma sujet-objet peuvent-elles être correctement et complètement exprimées grâce à la thèse selon laquelle la perspective du participant possède toujours une primauté nécessaire par rapport au point de vue de la simple observation ? Rien n'est moins sûr en apparence. Heidegger et Lukács ont chacun voulu développer un concept de pratique qui recouvre aussi bien les rapports de la personne avec autrui qu'avec le monde environnant. À leurs yeux, l'attitude de « souci » ou de « participation » ne concerne pas seulement autrui au sein de l'interaction humaine ; elle concerne en principe tout objet présent dans la mesure où il appartient au contexte de la pratique humaine. Mieux encore, même cet usage de la catégorie d'« objet » serait rejeté par Heidegger parce qu'elle reste bien trop prisonnière du schéma de l'opposition du sujet et de l'objet[10]. Mais si, pour Heidegger et Lukács, il semble y avoir quelque chose de plus et de différent dans les concepts qu'ils utilisent par rapport à ce que l'on entend habituellement par la notion de « perspective du participant », ce n'est pas seulement du fait de l'extension de ces concepts, mais également de leur contenu même. Le « souci » ou bien la « participation engagée » sont des expressions qui, bien qu'elles désignent l'acte par lequel on adopte la perspective d'autrui, ajoutent un élément qui ressortit à la disposition affective et désigne même un mouvement positif qui n'est pas contenu dans le thème de la compréhension des motifs de l'action[11]. Cela marque la frontière difficile à discerner mais pourtant décisive qui sépare les intuitions développées par les deux auteurs des analyses contemporaines fondamentales qui se formulent en termes d'attitude « communicationnelle » ou d'attitude « intentionnelle ». Tandis que ces dernières approches s'efforcent de souligner que les êtres humains communiquent généralement les uns avec les autres en se percevant les uns les autres dans le rôle d'une seconde personne, Lukács et Heidegger affirment qu'une telle attitude intersubjective est toujours reliée à un moment d'affirmation positive qui la précède, à une orientation existentielle qui excède le seul fait d'attribuer à autrui des motivations rationnelles.

Plus exactement, selon nous, la relation à eux-mêmes et au monde qu'entretiennent les hommes est d'abord liée, non pas simplement d'un point de vue génétique, mais aussi de façon catégorielle, à une attitude d'affirmation, avant que n'en résultent d'autres orientations neutralisées. Une telle prémisse justifie la pertinence du recours à la réification. En effet, l'abandon de la posture affirmative originairement donnée conduit à adopter envers le monde environnant une attitude qui réduit les éléments constitutifs du monde à des entités chosales, à de simples « présents-subsistants ». La « réification » désigne alors une habitude intellectuelle, une perspective figée par la routine, qui, lorsqu'elle est adoptée par le sujet, fait perdre à ce dernier l'aptitude à participer de façon intéressée au monde dans lequel il intervient, et le prive tout autant de l'ouverture qualitative à ce monde. Cette définition, qui cherche à clarifier le concept de « réification », a-t-elle aujourd'hui une pertinence heuristique ? La réponse dépend d'abord de la valeur de la prémisse qui lui est sous-jacente, à savoir la thèse selon laquelle l'attitude correspondant au souci possède, par rapport à la saisie neutre de la réalité, une primauté non seulement génétique, mais aussi conceptuelle. Pour discuter cette prémisse, je reformulerai l'affirmation esquissée à l'instant dans un autre langage théorique : avec la prudence requise, je substitue au concept heideggérien de « souci » la catégorie de « reconnaissance » tirée de l'œuvre de Hegel. Il me semble possible de cette manière de justifier la thèse selon laquelle, dans la relation humaine à soi-même et au monde, une posture affirmative, en l'occurrence une posture formée par la reconnaissance, précède toutes les autres attitudes aussi bien d'un point de vue génétique que d'un point de vue catégoriel. C'est seulement après que ce point aura été démontré que je pourrai revenir à ma question directrice : peut-on recourir de nouveau aujourd'hui au concept lukácsien de « réification » ? Pour ce qui est de la catégorie de « reconnaissance », j'aurai en premier lieu recours à certaines idées de John Dewey grâce auxquelles les réflexions de Lukács et de Heidegger peuvent être formulées encore d'une autre façon.

Dans deux essais fascinants[12] qui furent publiés peu après la parution de *Histoire et conscience de classe*, John Dewey a esquissé dans le vocabulaire de sa propre théorie une conception du rapport au monde originaire qui s'apparente sur un grand nombre de points aux analyses de Lukács et de Heidegger. Les réflexions de Dewey partent de l'affirmation selon laquelle l'appréhension rationnelle de la réalité est toujours liée à une forme d'expérience holistique. Celle-ci fait que tous les éléments d'une situation se découvrent qualitativement dans la perspective d'une participation intéressée. Si nous suivons un instant cette argumentation, ce n'est pas seulement le passage du concept de « souci » au concept de « reconnaissance » qui se trouve justifié ; c'est aussi le primat de cette reconnaissance sur toutes les autres attitudes simplement cognitives par rapport au monde qui se trouve démontré.

Tout comme Lukács et Heidegger, Dewey se montre extrêmement sceptique face à la conception traditionnelle qui voudrait que notre relation primordiale au monde soit celle d'une confrontation neutre avec un objet qui se donne à connaître. Bien qu'il n'utilise pas le concept de « réification » pour caractériser cette doctrine ni ne partage le *pathos* philosophique heideggérien, Dewey s'accorde sur le fond avec les deux penseurs pour estimer que la prééminence du modèle sujet-objet ne peut être sans conséquences sur la manière dont la société se comprend elle-même. Aussi longtemps que la pensée dominante restera prisonnière de l'opposition traditionnelle du sujet et de l'objet, la pratique sociale en pâtira, parce que la connaissance et le sentiment, la théorie et la pratique, la science et l'art se sépareront toujours plus les uns des autres[13]. La manière dont Dewey légitime sa critique de ce qu'il appelle le « modèle du spectateur[14] » se révèle largement plus directe et plus simple que celle de Lukács et de Heidegger. Sans s'embarrasser de détours relevant de la critique de la civilisation moderne, il entend démontrer, à l'aide d'arguments issus de la théorie du langage et de l'épistémologie, que toute connaissance rationnelle est précédée par l'expérience, émotionnellement déterminée, d'un monde environnant auquel on a pratiquement affaire. Dewey commence son analyse en affirmant que toutes les propositions existentielles plongent leurs racines cognitives dans une situation qui « malgré sa complexité interne "pour le sujet agissant" est entièrement dominée et caractérisée par une qualité unique[15] ». Qu'il s'agisse d'une interaction avec d'autres personnes ou d'un commerce avec des objets, les caractéristiques d'une situation donnée apparaissent d'abord à la lumière d'une expérience qualitative déterminée dans laquelle aucune différenciation entre les éléments émotionnels, cognitifs ou encore volitifs, n'aurait de sens. Car ce dont nous faisons l'expérience dans de tels moments, ce qui, en d'autres termes, constitue la « tonalité affective » (Heidegger) propre à ces situations, domine notre rapport à nous-mêmes et au monde de manière si englobante qu'il est impossible de mettre en avant tel ou tel aspect déterminé de la situation. Selon Dewey, c'est dans cette qualité propre à notre expérience que se manifeste pleinement le fait que, en tant qu'êtres agissants, nous nous rapportons au monde existentiellement, sans distance et par l'engagement pratique. Ailleurs, il utilise le concept d'« interaction[16] » pour caractériser ce phénomène, un concept qui montre qu'il ne s'agit pas là d'une attitude centrée sur notre personne, d'une attitude égocentrique, mais d'un effort pour nous impliquer dans les situations d'une manière aussi exempte de frictions, aussi harmonieuse que possible. Il n'est pas vrai que le monde ne s'ouvre qu'à la lumière du souci de nous-mêmes ; il faut plutôt dire que nous sommes impliqués dans des situations qui appellent le souci visant à maintenir une interaction fluide avec l'environnement. Désormais, je nommerai « reconnaissance » cette forme originaire de rapport au monde. Par là, j'entends seulement souligner, à titre provisoire, le fait que nos actions ne possèdent pas primordialement le caractère de la posture cognitive, affectivement neutre, par rapport au monde, mais plutôt celui d'une attitude affirmative, colorée existentiellement. Toujours, nous attribuons aux éléments du monde qui nous environne une valeur propre qui fait que nous nous soucions de notre relation avec eux. À ce niveau élémentaire, le concept de « reconnaissance » partage non seulement avec l'idée deweyenne de l'« engagement pratique », mais aussi avec le « souci » de Heidegger et la « participation » de Lukács, la primauté de l'intérêt existentiel pour le monde et pour les valorisations qui lui sont liées[17]. Ainsi, une posture de reconnaissance exprime-t-elle notre capacité à identifier et à valoriser la signification que possèdent pour notre existence les autres personnes et les choses.

Dans la suite de son essai, Dewey entend montrer que nous ne pouvons parvenir à une appréhension différenciée et rationnelle d'une situation vécue qu'après nous être séparés de son unité qualitative par un acte de prise de distance. Les éléments analytiques dont nous avons besoin pour traiter intellectuellement un problème pratique proviennent de la tentative réflexive de séparer les uns des autres les éléments dont nous avons auparavant fait l'expérience dans l'unité indifférenciée d'une tonalité affective unique. C'est seulement à ce moment, alors que se séparent les éléments émotionnels et les éléments cognitifs, que, dans l'« élaboration » secondaire d'une situation, se détache l'objet de la connaissance auquel l'individu agissant, devenu désormais affectivement neutre, peut s'opposer en tant que sujet. Ce sujet peut désormais concentrer toute son attention — en tant qu'énergie cognitive — qui était auparavant tout entière dépensée en vue de la saisie de l'expérience directe, vers le traitement intellectuel d'un problème qui, passé au premier plan, fait refluer vers l'arrière-plan toutes les autres données de la situation. Cependant,

Dewey y insiste constamment, le contenu originaire, qualitatif, de l'expérience ne peut pas vraiment se perdre au cours de ce processus cognitif d'abstraction ; sinon, la fiction pernicieuse d'un objet qui serait simplement là, « donné[18] », pourrait resurgir. Car sitôt que nous avons oublié l'espèce de tonalité affective qui se trouve au principe du travail de la réflexion, nous perdons de vue ce pour quoi la réflexion s'est mise en marche au commencement. Pour que le but de l'ensemble des opérations de pensée reste accessible, il faut toujours garder à l'esprit en arrière-plan le fait qu'elles trouvent leur origine dans une expérience qualitative.

Cette exigence, Dewey l'applique au cas des prédications simples, qu'il conçoit comme un exemple de l'opération d'abstraction qui cherche à fixer par la pensée un objet de connaissance. Si nous prenons un quelconque énoncé possédant la forme sujet-prédicat, sa structure langagière suggère que l'on attribue une propriété à une entité donnée. Si nous en restons à ce niveau de la prédication, il reste, en dernier ressort, ontologiquement impossible de déterminer la nature de la relation qui lie la propriété énoncée à l'entité apparemment indépendante d'elle. Cette énigme ne se résout qu'à partir du moment où nous prenons conscience du fait que l'expression prédicative dérive d'une tentative visant à abstraire quelque chose à partir d'une expérience qualitative originelle. Il devient clair alors que le sujet et le prédicat se complètent l'un l'autre, puisqu'ils indiquent la direction qu'a empruntée à l'origine un engagement (*Engagement*) qualitativement vécu dans le monde[19]. D'une manière qui rappelle nettement la distinction heideggérienne entre ce qui relève de l'« à-portée-de-la-main » (*Zuhandenheit*) et ce qui relève du « présent-subsistant » (*Vorhandenheit*), Dewey explicite de nouveau son argument grâce à l'exemple de la prédication selon laquelle « tous les hommes sont mortels ». Cet énoncé ne perd son caractère de simple attribution qu'au moment où nous le transcrivons sous sa forme originelle, transitive — « les hommes meurent » —, laquelle articule le « souci » pour la « destinée humaine » qui est au principe du processus d'abstraction propre au langage[20].

De toute évidence, Dewey est persuadé que tous les énoncés qui cherchent à définir les êtres humains grâce à un prédicat quelconque peuvent être déchiffrés selon ce modèle. Pour lui, de telles prédications ne constituent que le résultat d'une reformulation objectivante des craintes, des soucis ou des espoirs que nous éprouvons à l'égard des autres personnes lorsque nous les rencontrons dans l'attitude habituelle de la reconnaissance. À ce niveau, les deux membres de ce qui deviendra plus tard un énoncé se rapportent l'un à l'autre de façon encore « corrélative » puisqu'ils forment les moments qualitatifs d'une expérience muette qui, dans son unité, indique la direction de notre préoccupation. À ce niveau, il n'existe encore aucune entité clairement dessinée, fixée, « l'homme », qui serait indépendante de l'effet qualitatif que nous anticipons au sein de notre engagement existentiel dans le monde. Ce n'est que par la transformation d'une telle expérience en un énoncé universel que se défait la relation circulaire vivante qui existait auparavant entre la personne et l'effet éprouvé. De la même façon, c'est ici que peut naître la fiction ontologique selon laquelle il y aurait des hommes en général, indépendamment de toute propriété particulière, comme si seul le jeu de la prédication leur en attribuait. Dans une formulation qui, de nouveau, rappelle Heidegger quant au fond, si ce n'est quant à la forme, Dewey, tout comme le fera plus tard Wilfrid Sellars, parle de « l'idée trompeuse du "donné" » : « La seule chose qui soit donnée sans plus, c'est un ensemble qualitatif total ; et ce qui plaide contre le fait de parler à son propos de "donné", c'est, d'une part, le fait que ce mot suggère l'existence d'un être *à qui* le donné est donné, que ce soit un esprit, une pensée, une conscience ou quelque chose d'autre de ce genre, et, d'autre part, le fait qu'il suggère aussi peut-être quelque chose qui donne. En vérité, le terme "donné" exprime seulement ici le fait que la qualité existe de façon immédiate, ou bien encore qu'elle est là. C'est cette propriété qui fait qu'elle est ce à quoi tous les objets de la pensée se réfèrent[21] ». M'appuyant sur l'ensemble de cette argumentation, je voudrais maintenant chercher à montrer que la reconnaissance possède, par rapport à la connaissance, une priorité qui est aussi bien génétique que conceptuelle.

Chapitre III

Le primat de la reconnaissance

Il me faut maintenant expliciter la thèse selon laquelle l'attitude participante et engagée précède la saisie neutre de la réalité ; en d'autres termes, il me faut expliciter la thèse selon laquelle la reconnaissance précède la connaissance. Pour ce faire, j'abandonne désormais le cadre, emprunté à l'histoire de la théorie, à l'intérieur duquel j'ai exclusivement raisonné jusqu'à présent. Ce sont des preuves et des arguments indépendants, et non pas l'invocation d'autorités philosophiques, qui sont nécessaires si l'on veut montrer qu'un engagement existentiel dans le monde est au principe de tout rapport objectivant au monde. Ce n'est qu'une fois ce pas effectué que nous pourrons nous faire une idée du concept de « réification » qui préserverait les intuitions de Lukács au sein d'une théorie de la reconnaissance. Pour faire apparaître le but de mon argumentation, je voudrais revenir à la thèse selon laquelle l'attitude communicationnelle propre à celui qui adopte la perspective d'autrui indique ce qu'a de spécifique la conduite humaine. Je défendrai l'hypothèse selon laquelle cette aptitude à endosser rationnellement la perspective d'autrui s'enracine elle-même dans une interaction antérieure qui possède les traits d'une sorte de préoccupation (*Besorgnis*) existentielle. Cette hypothèse, je vais la corroborer tout d'abord au point de vue génétique en examinant les conditions qui caractérisent l'acquisition chez le jeune enfant de l'aptitude à endosser la perspective d'autrui (1). Puis je vérifierai cette proposition, chose plus complexe, du point de vue systématique ou encore catégorial (2).

(1) Dans le domaine de la psychologie du développement et des recherches sur la socialisation précoce, un consensus s'est instauré depuis longtemps : l'éveil des aptitudes du jeune enfant à penser et à interagir doit être conçu comme un processus qui prend place au cœur même du mécanisme par lequel ce même enfant adopte la perspective de l'autre personne qui lui fait face. Selon cette approche, qui doit son existence à une synthèse entre Piaget et Mead[1] ou encore entre Davidson et Freud[2], l'acquisition des aptitudes cognitives chez le jeune enfant est intrinsèquement reliée à la formation des premières relations de communication interpersonnelles. L'enfant apprend à se rapporter à un monde objectif composé d'objets stables dans la mesure où il adopte la perspective d'une seconde personne, ce qui entraîne un décentrement progressif par rapport à sa propre perspective, qui est d'abord égocentrique. Le fait que le bébé commence très tôt à entrer en contact sur le mode communicationnel avec la personne privilégiée

de son environnement, à suivre son regard, à attirer ce regard sur un certain nombre d'objets particuliers, tout cela montrerait qu'il existe une phase d'expérimentation pendant laquelle l'enfant teste, pour ainsi dire, l'indépendance d'une autre perspective sur le monde. Et dans la mesure où il parvient à se transporter dans cette seconde perspective et à appréhender grâce à elle le monde qui l'entoure, cet enfant peut disposer d'une instance de correction qui lui permet, pour la première fois, de percevoir les objets de manière impersonnelle et objective. De l'avis général, c'est à l'âge de neuf mois que l'enfant apparaît en mesure d'entrer dans le jeu de cette triangulation[3]. C'est pour cette raison que l'on parle de la « révolution du neuvième mois[4] » dans les travaux récents portant sur ces questions : c'est à cet âge que s'éveille l'aptitude à considérer la personne privilégiée de l'entourage comme un agent intentionnel dont le rapport au monde environnant est orienté en fonction de buts et possède donc pour cette raison une importance aussi grande que le rapport que l'on entretient soi-même au monde.

Ce qu'il y a de remarquable dans ces théories du développement qui, comme le firent Mead ou Davidson, insistent sur la nécessité qu'il y a à adopter la perspective de la seconde personne pour qu'émerge la pensée symbolique, c'est leur ignorance totale de l'aspect émotionnel de la relation qui se noue entre le jeune enfant et la personne privilégiée de son environnement. Mead tendait déjà à décrire les premières étapes de l'accès à la perspective d'un autre concret comme si le lien affectif à cet autre ne jouait presque aucun rôle significatif[5]. Mais, aujourd'hui, dans l'ensemble, on peut dire que la tendance au cognitivisme domine la plupart des tentatives faites pour expliquer les origines de l'activité mentale au sein des relations avec la personne privilégiée de l'environnement. La relation triangulaire dans laquelle l'enfant entre dès qu'il a pris conscience de l'indépendance de la seconde personne à la suite de la phase des proto-conversations qu'il a avec elle, ces théories actuelles la décrivent comme un espace qui, pour l'essentiel, est dépourvu d'émotions. Ce n'est que très récemment que certaines recherches ont tenté de renverser cette abstraction cognitiviste en faisant intervenir le cas des enfants autistes. Ces travaux ont permis d'établir, avec une constance étonnante, qu'il faut que le jeune enfant se soit identifié émotionnellement à la personne privilégiée de son environnement pour qu'il puisse ensuite considérer l'attitude de celle-ci par rapport au monde comme une instance de correction. Je vais m'appuyer sur ces découvertes pour établir la primauté de la reconnaissance sur la connaissance.

C'est probablement la comparaison empirique avec le cas des autistes qui a permis à ces travaux de faire preuve d'une sensibilité accrue aux composantes affectives des interactions du jeune enfant. En effet, de manière générale, ces théories expliquent l'autisme par le fait que des barrières de nature différente, mais souvent de type inné, empêchent l'enfant de développer un sentiment d'attachement à la personne privilégiée de son environnement. Par contraste, comme le soulignent par exemple Peter Hobson ou encore Michael Tomasello, dans le cas normal de l'enfant qui n'est pas affecté par l'autisme, cette identification émotionnelle avec autrui est nécessaire à l'avènement de l'aptitude à adopter la perspective d'autrui qui conduit au développement de la pensée symbolique[6]. Le point de départ de ces recherches est la transition de la première à la seconde intersubjectivité, à laquelle les approches cognitivistes s'intéressaient aussi. Vers l'âge de neuf mois, l'enfant accomplit une série de progrès remarquables dans le domaine de ses conduites d'interaction : il peut désormais diriger l'attention de la personne privilégiée de son environnement vers des objets au moyen de gestes proto-déclaratifs pour qu'elle les observe avec lui. De plus, il peut, pour la première fois, faire dépendre sa propre attitude devant des objets significatifs des conduites expressives face aux objets que cette personne affiche devant lui. Finalement, dans ce que G. H. Mead appelait le «*play*», l'enfant semble saisir progressivement le fait que les significations familières peuvent être découplées des objets qui leur étaient associés et peuvent être transférées vers d'autres objets, dont les fonctions qui ont été attribuées grâce à ce mécanisme peuvent êtres alors investies de façon créative. Les deux approches théoriques que j'ai mises en avant s'accordent donc largement sur l'existence de processus d'apprentissage de ce genre ou proches d'eux. Toutes deux insistent sur les développements de l'interaction communicationnelle par lesquels l'enfant apprend graduellement, grâce à la perspective de la seconde personne, à considérer les choses comme des entités propres à un monde objectif, indépendant de toutes les attitudes possibles. Mais à la différence des approches centrées sur la cognition, Hobson et Tomasello défendent ensemble l'idée selon laquelle l'enfant ne pourrait pas réaliser tous ces progrès s'il n'avait pas développé auparavant un sentiment d'attachement à la personne privilégiée de son environnement. Car seule une telle identification préalable lui permet d'être attiré et motivé par la présence de l'autre concret d'une manière telle qu'il puisse saisir les changements d'attitude que manifestent cette personne en s'y intéressant.

Les traits spécifiques de cette théorie ressortent plus nettement si l'on revient aux différentes explications de l'autisme. Les approches traditionnelles, centrées sur la connaissance, sont vouées à réduire les causes de la conduite autistique à des déficits cognitifs liés à des perturbations des fonctions intellectuelles et langagières. Hobson et Tomasello invoquent plutôt comme cause décisive l'absence de réactivité de l'enfant devant la présence émotionnelle des personnes privilégiées de l'environnement. Assurément, il existe des conditions neurologiques ou encore génétiques à cette absence de réactivité ; mais ce qui demeure décisif, c'est que l'enfant autiste reste par là structurellement empêché de s'identifier émotionnellement avec une seconde personne concrète. Martin Dornes jette déjà un pont vers ce qui m'intéresse au premier chef en insistant sur les aspects affectifs et sensibles de l'autisme : parce que l'enfant autiste « n'est pas réactif sur le plan émotionnel, il reste enfermé dans sa propre perspective sur le monde et ne peut se familiariser avec aucune autre perspective. Il ne voit pas, ou plutôt il ne *sent* pas que les expressions de visage, les mouvements et les gestes de communication expriment des attitudes. Il est aveugle au contenu expressif et mental de ces expressions, ou bien, comme on peut le dire aussi, il est aveugle à leur signification. Si le jeune enfant autiste est ainsi "aveugle spirituellement ", ce n'est pas en raison d'un déficit cognitif; s'il est aveugle spirituellement, c'est d'abord parce qu'il est aveugle émotionnellement[7] ».

T. Adorno était parvenu à des réflexions similaires dans certains passages de son œuvre, notamment dans *Minima Moralia* et dans la *Dialectique négative.* À plusieurs reprises, Adorno, tout comme Hobson et Tomasello, rattache l'éveil de l'esprit humain au moment préalable où l'on imite la personne privilégiée de l'environnement. Dans un aphorisme célèbre des *Minima Moralia*, il écrit ainsi qu'« un être humain ne devient vraiment humain », et donc qu'il ne devient un être spirituel, qu'« en imitant d'autres êtres humains[8] ». Et le philosophe d'ajouter immédiatement qu'il s'agit là de « la première forme de l'amour ». Ce dont il est question ici, c'est de ce même décentrement que les deux auteurs sur lesquels nous nous appuyons posent au fondement des processus d'apprentissage de l'enfant : une sorte de sympathie existentielle et même affective à l'égard des autres personnes qui fait que l'enfant peut, pour la première fois, éprouver leurs perspectives sur le monde comme quelque chose d'important. Le fait de se placer dans la perspective de la seconde personne exige une forme préalable de reconnaissance qui ne peut pas être entièrement saisie à l'aide de concepts cognitifs ou épistémiques, pour cette raison qu'elle contient toujours un moment non volontaire d'ouverture, d'attachement ou encore d'amour. C'est ce mouvement positif, ou bien, comme Adorno le dit dans le langage de la psychanalyse, cet investissement libidinal de l'objet, qui permet à l'enfant de se placer dans la perspective d'autrui, d'une façon telle qu'il peut acquérir par là une conception de la réalité environnante plus large et, finalement, dépersonnalisée.

Toutes ces réflexions issues de la psychologie du développement s'inscrivent sur un plan autre que celui des idées que m'a inspirées une certaine convergence entre Lukács, Heidegger et Dewey. Il s'agissait à cette étape du raisonnement d'établir, de façon générale, la primauté de la posture de participation engagée ou encore de reconnaissance par rapport à toutes les autres formes neutres de rapport au monde. Ce qui maintenant retient l'intérêt, c'est uniquement l'antériorité chronologique de la réceptivité émotionnelle qui précède le passage à la connaissance d'objets donnés intersubjectivement. Ni le type de primauté que l'on invoque, ni le caractère spécifique de ce dont on affirme la primauté ne sont identiques dans les deux cas : l'attachement émotionnel ou encore l'identification avec l'autre concret sont totalement différents de cette préoccupation principielle que Heidegger ou Dewey dégageaient de l'analyse de ce qu'est une situation. Cependant, il est clair pour moi que les découvertes ontogénétiques dont il a été question peuvent fournir un premier appui pour conforter la thèse générale que je défends. Il semble avéré que c'est à partir de la perspective de la personne aimée que le jeune enfant parvient d'abord à comprendre les significations existentielles que les situations peuvent avoir pour les hommes. C'est donc grâce à l'attachement émotionnel qu'il porte à la personne privilégiée de son environnement qu'un monde s'ouvre dans lequel il doit lui-même être pratiquement engagé en fonction de ses qualités spécifiques. La genèse et la validité — ou bien, dans le langage du marxisme, l'histoire et la logique — ne devraient pas être séparées l'une de l'autre au point que les conditions d'éveil de la pensée chez l'enfant ne se voient attribuées aucune pertinence quand il s'agit de réfléchir à la signification de la catégorie de la connaissance du monde. C'est cet aspect des choses qu'Adorno comprenait lorsqu'il parlait du fondement libidinal et affectif des opérations par lesquelles nous entreprenons de connaître le monde. Le fait que ce soit à partir de la perspective de la personne aimée que le jeune enfant parvienne à l'intelligence objective de la réalité nous instruit sur la connaissance prise en elle-même : plus nous sommes capables de multiplier les perspectives sur un objet particulier perçu, plus la connaissance de l'objet est appropriée et exacte. Mais cette façon d'endosser les perspectives d'autres personnes, qui nous donnera chaque fois à connaître de nouveaux aspects de l'objet, est liée, comme dans le cas de l'enfant, à la précondition, difficile à obtenir de façon intentionnelle, d'une ouverture émotionnelle ou encore d'une identification à d'autres personnes. C'est en ce sens que, pour Adorno, l'exactitude de notre connaissance du monde dépend de la reconnaissance, du mouvement affectif qui consiste à accepter l'existence de perspectives aussi nombreuses que possible. Avec ces remarques, nous voici parvenus sur le terrain des preuves de type catégorial.

(2) Dans l'ontogénèse, c'est-à-dire dans le processus du développement de la pensée observé de façon chronologique, la reconnaissance doit précéder la connaissance : c'est ce que j'espère avoir montré. Si les recherches sur lesquelles je me suis appuyées sont justes, le processus de formation de l'individu implique que le jeune enfant doit d'abord s'identifier à la personne privilégiée de son environnement, qu'il la reconnaisse au sens émotionnel du terme, pour ensuite pouvoir parvenir, en adoptant sa perspective, à une connaissance de la réalité objective. À vrai dire, mes remarques à propos d'Adorno entendaient déjà indiquer que ces conditions émotionnelles d'émergence de la pensée concernent également, selon toute vraisemblance, les critères de validité de cette pensée.

Mais de telles réflexions ne peuvent, bien évidemment, remplacer les arguments précis qui sont indispensables à la démonstration de l'antériorité, au sens conceptuel, de la reconnaissance sur la connaissance. Heidegger et Dewey, mais aussi probablement Lukács, songeaient à une telle sorte d'antériorité lorsqu'ils affirmaient que notre relation épistémique au monde est précédée fondamentalement par une attitude relevant du souci ou encore de l'engagement existentiel. Selon ces auteurs, nos efforts pour connaître la réalité seraient voués à échouer ou à perdre tout sens si l'existence de cette reconnaissance préalable venait à être perdue de vue. On trouve bien cette affirmation sous la plume de Heidegger lorsque celui-ci analyse la connaissance entièrement réifiée d'états de choses, la connaissance « scientifique », comme dérivée d'une attitude préalable qu'il caractérise par le concept du « souci[9] ». On la voit également à l'œuvre chez John Dewey lorsque celui-ci écrit que toute recherche, si elle ne veut pas perdre de vue le « principe régulateur » des efforts qui l'animent[10], doit demeurer consciente du fait qu'elle tire ses origines du sentiment diffus que des problèmes surgissent à partir des contrariétés immanentes à l'existence quotidienne. Dans le même ordre d'idées, je voudrais me tourner vers un troisième exemple, d'ailleurs plus proche de mon propos, pour montrer que c'est aussi dans le sens conceptuel que notre rapport cognitif au monde est lié à l'attitude de reconnaissance. Les réflexions que Stanley Cavell a consacrées aux rapports entre connaissance et reconnaissance semblent ici se recommander d'elles-mêmes.

On sait que Cavell est parvenu au concept de reconnaissance qui lui est propre (« *acknowledgement* ») au terme d'une critique de l'idée selon laquelle nous pourrions avoir une connaissance immédiate des états mentaux des autres personnes, de ce que l'on appelle « les autres esprits[11] ». Il estime que les défenseurs de cette position s'appuient bien trop sur une prémisse qu'ils empruntent à leurs adversaires, à savoir les sceptiques. Ces derniers ont toujours compris la question de l'accès aux états mentaux étrangers comme une sorte d'exigence épistémique : ils exigeaient une explication de la nature du savoir grâce auquel on a accès aux autres esprits. Selon Cavell, les anti-sceptiques seront voués à échouer dans leurs tentatives tant qu'ils chercheront à réfuter les sceptiques sur une telle base, car ils ne pourront finalement pas contester le fait que le savoir que nous obtenons à propos des états mentaux des autres personnes ne saurait posséder l'espèce de certitude qualitative qui caractérise ces états quand ils adviennent à la première personne. La tentative de décrire notre accès à l'autre sujet selon le modèle d'un rapport cognitif ne fait pas droit à une donnée très simple : avec les états mentaux, il ne s'agit tout simplement pas d'objets qui peuvent être visés par un savoir. L'affirmation selon laquelle un sujet « sait » quelque chose à propos de sa propre douleur ou de la jalousie qu'il éprouve est déjà trompeuse dans la mesure où elle masque le fait que le sujet est trop enchâssé ou « impliqué[12] » dans ces états pour que l'on puisse parler, en un sens neutre, d'une connaissance ou d'un savoir. Dans sa relation à autrui, le sujet n'est donc pas lui-même un objet à propos duquel il obtiendrait des informations sous la forme de faits qui parviendraient à sa conscience. Comme le dit Cavell à la suite de Wittgenstein, le sujet révèle plutôt ses états au partenaire de l'interaction en attirant sur eux l'attention de celui-ci.

L'argumentation de Cavell est très proche sur ce point de celle que conduit Sartre dans la troisième partie de *L'être et le néant*, où le philosophe français a développé sa propre critique du scepticisme[13]. Sartre est également convaincu que la conception sceptique des rapports au psychisme étranger ne peut être réfutée tant que l'on s'en tient à la prémisse selon laquelle notre rapport à celui-ci serait primordialement d'ordre cognitif. Supposer l'existence d'une telle relation revient à mettre en place un idéal de certitude épistémique qui est tout à fait inaccessible puisque, pour le sujet lui-même, les états intérieurs ne peuvent déjà pas être définis comme des objets d'un savoir ou d'une connaissance. D'après Sartre, l'asymétrie entre moi et autrui ne peut être dépassée dans son principe que si l'on conçoit la relation qu'entretient un sujet avec une autre personne sur le même modèle que celui que nous utilisons pour concevoir la relation que ce second sujet entretient avec ses propres états mentaux. De même que nous ne parlons pas dans ce cas de savoir, mais plutôt d'une manière, pour le sujet, d'être concerné par ou impliqué dans les états dont il est question, nous ne devrions pas penser l'agent en situation de communication avec autrui à la façon d'un sujet épistémique. Nous devrions plutôt le voir comme un sujet existentiellement impliqué qui ne prend pas simplement connaissance des états intérieurs vécus par les autres personnes, mais qui se trouve affecté par eux au sein du rapport qu'il a avec lui-même.

Jusque-là, malgré toutes les différences méthodologiques qui les séparent, Cavell s'accorderait largement avec Sartre. Après avoir montré que les énoncés qui portent sur les propres états internes (*Empfindungszustände*) d'un sujet ne sauraient être assimilés à des façons d'exprimer un savoir, Cavell en tire une conclusion concernant la compréhension des relations élémentaires d'interaction qui se révèle très proche des résultats de l'analyse phénoménologique de Sartre. De même que, normalement, un locuteur dévoile ses états internes devant une deuxième personne en attirant l'attention sur eux sans avoir besoin de recourir à un savoir, de même la réaction langagière de cette seconde personne ne peut pas être interprétée comme un acte de connaissance. Ce qui se passe plutôt, c'est que l'auditeur répond en manifestant sa « sympathie » à l'égard des états qui ont été exprimés par le locuteur. C'est ce que Cavell exprime de la manière suivante : « Je dirais que l'expression “je sais que tu souffres” n'est pas l'expression d'une certitude qui réagirait à la manifestation langagière antérieure de la douleur ; c'est l'expression d'une *sympathie* (sympathy) [14] ».

Avec ce concept de « sympathie », nous sommes parvenus tout près des aspects qui m'intéressent le plus dans l'argumentation de Cavell. Celui-ci entend dire, à la suite de Wittgenstein, qu'avant toute connaissance possible visant les états internes d'un autre sujet, il doit d'abord exister une certaine posture dans laquelle ce sujet se sent existentiellement impliqué dans le monde des états internes ressentis par l'autre. Une fois que ce « saut » est accompli, et donc une fois qu'une certaine forme de connexion à autrui s'est produite, je perçois les expressions des états qu'il ressent selon leur contenu même, c'est-à-dire comme des demandes qui me sont adressées de réagir d'une façon appropriée. Ainsi, pour Cavell, « reconnaître », « *to acknowledge* », signifie adopter une posture dans laquelle les expressions comportementales d'une seconde personne peuvent être comprises comme des exigences visant une certaine réaction spécifique[15]. Si autrui ne réagit pas, même de manière négative, cela manifeste seulement le fait que l'expression de ses états internes n'a pas été comprise de façon appropriée. C'est en ce sens que Cavell relie fortement la compréhension des énoncés qui expriment des états internes à la présupposition non épistémique de l'adoption d'une posture de reconnaissance. Et l'incapacité à pouvoir adopter cette posture signifie pour lui finalement que l'on n'est pas en position de maintenir des relations sociales[16]. C'est ici que les chemins respectifs de Sartre et de Cavell divergent. Certes, les deux auteurs remplacent pareillement le modèle qui incite à penser l'interaction sociale à partir de la connaissance, qu'ils considèrent comme un poids hérité du scepticisme, par le modèle d'une affection réciproque. Les sujets sont, en général, certains d'avoir affaire à un autre sujet défini par des propriétés spirituelles parce qu'ils sont touchés par les états internes de celui-ci d'une manière telle qu'ils se voient obligés d'y réagir d'une façon ou d'une autre. Mais tandis que Sartre tire de ce fait existentiel la conséquence négative que les sujets se limitent réciproquement dans la liberté de leur transcendance illimitée qui les caractérisait originairement[17], Cavell s'en tient à la référence thérapeutique à la priorité nécessaire de la reconnaissance. Car, pour lui, le danger inhérent à l'attrait quotidien qu'exerce le modèle de la connaissance est si grand qu'il exige que l'on rappelle sans cesse le fait de la sympathie réciproque. Cavell, par cette démarche qui relève de l'analyse du langage, prétend ériger une défense contre une fausse image de la communication interhumaine. Le tissage de l'interaction sociale ne s'effectue pas, comme on l'a souvent admis en philosophie, à partir des actes de connaissance, mais avec le matériau fourni par les postures de reconnaissance. La raison pour laquelle nous n'avons d'habitude aucune difficulté à comprendre les énoncés par lesquels d'autres sujets expriment leurs états internes, c'est que nous avons adopté antérieurement une attitude dans laquelle le contenu de l'incitation à agir qui est propre à ces expressions nous est donné de façon évidente.

Telle est la raison pour laquelle je crois que

l'analyse de Cavell complète la thèse que j'ai développée en m'appuyant, jusqu'à maintenant, sur le seul matériau issu de l'histoire de la théorie. Ce complément lui donne la forme d'un argument systématique. Selon mon interprétation, Lukács, Heidegger et Dewey étaient déjà convaincus que la reconnaissance doit, de manière générale, précéder la connaissance dans le champ de l'activité sociale. Et les découvertes de la psychologie du développement ont renforcé depuis lors l'esquisse présentée. Mais avec le recours à Cavell, il devient possible d'aller au-delà du sens temporel de la thèse, de la défendre aussi dans sa signification catégoriale : en effet, nous ne sommes en position de comprendre la signification d'une classe déterminée d'expressions langagières que si nous sommes dans une posture ou encore dans une attitude qu'il décrit comme un « *acknowledgement* ». Pour le dire brièvement, la compréhension langagière est liée à la présupposition non épistémique de la reconnaissance d'autrui. Cavell semble également rejoindre les intentions de nos trois auteurs lorsqu'il soutient qu'avec cette forme de « reconnaissance », on parle de quelque chose de plus ou de quelque chose d'autre que ce que l'on entend habituellement par la notion d'attitude communicationnelle ou lorsque l'on évoque l'adoption de la perspective de l'autre. Car, tout comme le concept heideggérien de « souci », l'« *acknowledgement* » de Cavell recouvre un moment de participation affective, d'identification préalable, qui ne ressort pas assez du thème selon lequel nous comprenons les raisons d'agir d'autrui.

Cavell ne défend assurément pas l'idée selon laquelle l'adoption d'une telle posture de reconnaissance implique que nous réagissions toujours à autrui de façon bienveillante. La simple indifférence, les états internes négatifs, sont aussi pour lui des modes possibles de la reconnaissance intersubjective, aussi longtemps qu'ils ne reflètent qu'une relation non épistémique à la personnalité humaine d'autrui[18]. L'adjectif « positif » que j'ai utilisé en le rattachant au concept de « participation » ne doit pas être pris comme s'il faisait référence à des émotions positives, amicales. Il ne se réfère qu'au seul fait existentiel, dont l'influence s'étend jusqu'au domaine de l'affectivité, que nous devons accepter la valeur de l'autre dans l'attitude de reconnaissance, même si c'est pour l'insulter ou le détester à l'instant suivant. Mais peut-être faut-il faire un pas de plus que Cavell et affirmer que même dans les cas d'une reconnaissance qui s'exerce dans les sentiments négatifs, nous gardons toujours l'impression que nous n'avons pas fait droit à l'autre dans sa personnalité. Ce moment qui est présent dans la posture de reconnaissance serait ce que l'on nomme traditionnellement la « conscience morale ».

Dans tous les cas, il convient d'affirmer que l'attitude de reconnaissance dont il est question ici constitue une forme totalement élémentaire de l'intersubjectivité qui n'inclut pas encore en elle la perception d'une valeur *déterminée* de l'autre personne. Ce que Cavell décrit comme l'« *acknowledgement* », Heidegger comme le « souci » ou encore comme la « sollicitude » et Dewey comme l'« engagement », se situe en-deça du seuil à partir duquel la reconnaissance réciproque implique l'acceptation des propriétés spécifiques du partenaire que l'on a en face de soi[19]. Demeure cependant une différence qui rend difficile le rattachement pur et simple des analyses de Cavell à la tradition intellectuelle qui m'a servie de référence. Par opposition à Heidegger, à Dewey ou à Lukács, Cavell semble limiter les conditions de validité de ce qu'il nomme une posture de reconnaissance au seul domaine de la communication interhumaine. Il est évidemment étranger à l'idée selon laquelle nous devons nous trouver préalablement nous-mêmes dans une attitude de reconnaissance, en face du monde non humain. Arrêtons-nous à cette différence : elle nous reconduira au thème de la « réification » que nos réflexions visent avant tout à clarifier.

Chapitre IV

La réification comme oubli de la reconnaissance

Malgré des accentuations différentes, les preuves que j'ai avancées au chapitre précédent convergent. Les théories du développement psychologique auxquelles j'ai fait référence, comme les analyses de Cavell, renforcent la thèse selon laquelle il y a dans le comportement social de l'homme un primat à la fois génétique et catégorial de la reconnaissance sur la connaissance, de la participation au monde sur la saisie neutre d'autres personnes. Sans une telle forme de reconnaissance préalable, les jeunes enfants ne seraient pas capables d'adopter les perspectives des personnes privilégiées de leur environnement, et les adultes ne pourraient pas comprendre au cours de leurs interactions les expressions langagières de leurs partenaires. Assurément, aucune de ces deux théories ne postule la nécessité pour chacun d'adopter au commencement une semblable posture participative dans le monde des réalités non humaines. Pour la psychologie du développement à laquelle nous nous sommes référés, l'identification émotionnelle avec l'autre concret constitue la présupposition de toute pensée, sans qu'une attitude spécifique à l'égard des objets non humains soit requise; et Stanley Cavell, de son côté, en raison de ses intérêts théoriques particuliers, ne s'occupe pas du tout de la question de notre rapport à la nature. Cette difficulté, je la laisse ici en l'état, pour tirer à nouveau le fil conducteur de mon argumentation, le temps que soit traitée la question du primat de la reconnaissance. Je reprends donc les termes du problème : comment formuler aujourd'hui et à nouveaux frais un concept de « réification » qui tienne compte autant que possible des intuitions originaires de Lukács?

Ce concept, le point est acquis, ne peut définir une simple erreur de catégorie, pas plus qu'une infraction à des principes moraux. À la différence de ce que réclamerait l'erreur de catégorie, ce concept se réfère à quelque chose de non épistémique, à savoir à un *habitus* ou à une forme de comportement; à la différence de ce qui se passerait pour la faute morale, il ne suppose pas qu'une responsabilité ni une culpabilité pèsent sur quiconque. Comme la comparaison avec Heidegger l'a clairement montrée, Lukács, sous le terme de « réification », entend comprendre une habitude de pensée, une sorte de perspective figée dans l'habitude, dont l'adoption fait perdre aux hommes l'aptitude à se rapporter aux personnes et aux événements du monde de manière participative, engagée. À mesure que le résultat de cette perte s'installe, les sujets se transforment en observateurs passifs auxquels le monde environnant social et physique mais aussi le monde interne apparaîtront sous la forme d'un ensemble d'entités chosales. On peut donc dire que, pour Lukács, la « réification » est le concept qui permet de saisir un processus aussi bien qu'un résultat[1]. Il définit le mouvement par lequel la perte se produit, c'est-à-dire la substitution d'une attitude seconde, fausse, à une attitude originaire, correcte, mais aussi le résultat de ce processus, c'est-à-dire une manière réifiée de percevoir le monde et de s'y comporter. Par ailleurs, nous avons recensé les raisons, nombreuses et pertinentes, d'admettre l'existence préalable d'une attitude de reconnaissance et de participation, au moins en ce qui concerne le monde des relations sociales. Comment, dès lors, expliquer avec Lukács que l'on puisse en venir à perdre cette forme de comportement originaire si cette dernière est aussi profondément enracinée dans la vie humaine qu'il semble le prétendre ? Cette question est l'obstacle majeur sur lequel bute aujourd'hui toute tentative d'une réactualisation du concept de « réification ». Car si, pour expliquer cette perte, Heidegger invoque l'effet déformant d'images ontologiques du monde, Lukács, lui, doit invoquer des circonstances sociales. Plus exactement, il doit poser l'existence d'un réseau de pratiques et d'institutions sociales qui portent ces attitudes de reconnaissance. On voit d'emblée l'aporie : comment expliquer la « réification » comme un processus *social* si ce que l'on suppose avoir été perdu possède néanmoins une signification à ce point constitutive pour la socialité humaine qu'il s'exprime d'une façon ou d'une autre dans tous les processus sociaux ?

À cette question, le texte de *Histoire et conscience de classe* ne propose finalement qu'une seule réponse

— d'ailleurs si peu convaincante que Lukács l'a plus tard lui-même rejetée[2]. Par conséquent, nous devons nous représenter le processus de réification de la manière suivante : c'est un processus par lequel la perspective originairement participante se trouve neutralisée jusqu'à devenir finalement l'instrument de la pensée objectivante. Avec Dewey, on peut ainsi dire que la réification consiste fondamentalement en la prise de distance par laquelle, pour atteindre la connaissance, nous nous détachons de l'expérience qualitative de l'interaction dans laquelle tout notre savoir est préalablement ancré. Mais si cette conception était exacte, donc si la réification coïncidait avec l'objectivation de notre pensée, alors, pour finir, tout processus social qui exige une telle objectivation serait déjà une manifestation du processus de réification. À vrai dire, de nombreux passages de *Histoire et conscience de classe* semblent le suggérer. L'auteur, en effet, décrit le processus de réification comme s'il s'agissait d'une neutralisation, exigée socialement, de notre posture de participation antérieure. Mais la fausseté d'une telle supposition, en soi trop totalisante, devient manifeste dès que l'on rappelle que nous n'avons pas jusqu'ici tenu la reconnaissance préalable pour le contraire d'une objectivation de notre pensée, mais comme la condition de sa possibilité. De la même manière que Heidegger conçoit la connaissance scientifique du monde comme une continuation possible et légitime[3], quoique « dérivée », du « souci », Dewey est persuadé que toute pensée objectivante est redevable à une neutralisation réflexive d'une expérience originaire qualitative. Tous deux, semblablement à Stanley Cavell ou aux théoriciens de la psychologie du développement que j'ai invoqués, considèrent la posture de reconnaissance comme une attitude pratique, non épistémique, dont l'adoption est nécessaire à un savoir portant sur le monde ou sur d'autres personnes. Ainsi, il paraît tout à fait inconcevable de supposer avec Lukács qu'il existe une tension quelconque, voire une incompatibilité, entre la perspective de reconnaissance et la connaissance en tant que telle. La saisie objectivante d'états de choses ou de personnes est le résultat possible d'une reconnaissance préalable, et non pas son opposé pur et simple.

Qui plus est, l'équivalence que pose Lukács, contraint par sa stratégie conceptuelle, entre la réification et l'objectivation, conduit à une image extrêmement problématique des processus du développement social. Pour aller à l'essentiel : Lukács est voué à tenir pour un cas de réification toute innovation sociale qui exige une neutralisation de notre reconnaissance préalable et l'installe du coup, par le biais de l'institutionnalisation, dans la durée. Tout ce que Max Weber décrit comme le processus d'une rationalisation sociale dans la modernité européenne, Lukács ne peut finalement le concevoir dans son ensemble autrement que comme la cause d'une réification globale de l'univers social. Mais parce qu'il doit affirmer en même temps que l'attitude de participation engagée, en raison de sa fonction constitutive pour la vie sociale en général, ne saurait se perdre entièrement, l'image de la société qu'il développe se heurte à sa propre limite : si, dans une société, tous les processus sont réifiés uniquement parce qu'ils impliquent des attitudes objectivantes, c'est la socialité humaine elle-même qui doit finalement avoir disparu. Cette inconséquence de Lukács vient de l'identification à laquelle il procède entre réification et objectivation. On comprend, dans ces conditions, pourquoi il me faut désormais concevoir différemment le processus de réification.

La conception du processus de réification que Lukács a élaborée n'est, d'une certaine façon, pas assez complexe ni assez abstraite. Dans la mesure où il identifie finalement ce processus avec le remplacement de la reconnaissance par une connaissance objectivante d'états de choses ou bien de personnes, le philosophe refuse implicitement d'admettre que l'accroissement de l'objectivité dans le processus du développement social ait une quelconque valeur. Pour éviter l'erreur commise par Lukács, une possibilité consisterait, à l'aide de critères externes, à décider dans quelles sphères sociales respectives la posture de reconnaissance et l'attitude objectivante sont exigées fonctionnellement. C'est en s'engageant sur cette voie fonctionnaliste que Habermas, dans sa *Théorie de l'agir communicationnel*, comprend la « réification » comme le processus par lequel les formes de conduite stratégiques, « contemplatives », pénètrent les sphères sociales dont les présuppositions communicationnelles sont par là menacées[4]. Cependant, l'inconvénient d'une telle stratégie conceptuelle me paraît avéré : au plan normatif, la charge de la preuve revient implicitement à des distinctions fonctionnalistes qui ne peuvent absolument pas les assumer. Il nous est, en effet, impossible de répondre à la question de savoir à quel moment les attitudes objectivantes exercent un effet réifiant aussi longtemps que, par respect apparent du principe de la neutralité axiologique, nous nous en tenons uniquement à des exigences fonctionnelles[5].

Il me semble donc que la question des critères permettant d'évaluer les processus de réification doit être posée d'une tout autre manière. En s'en tenant à la conception simpliste selon laquelle chaque forme d'observation détachée, non participante, s'oppose à une reconnaissance préalable, on sous-estime le fait que la neutralisation de cette posture de reconnaissance et de participation engagée sert, dans le cas normal, à résoudre intelligemment des problèmes. Aussi, contrairement à Lukács, il convient de renoncer à brandir la menace du danger de la réification sitôt que l'attitude de reconnaissance est abandonnée ; il convient de s'orienter plutôt dans notre recherche en fonction d'un point de vue supérieur, celui de la relation existante entre les deux attitudes. À ce niveau, dans lequel il est question des modes spécifiques du rapport entre les deux attitudes, deux pôles doivent être distingués, qui se substituent alors à l'opposition sur laquelle Lukács fonde son raisonnement : aux formes de connaissance sensibles à la reconnaissance s'opposent d'autres formes de connaissance dans lesquelles s'est perdue toute trace de leur origine dans une reconnaissance préalable. Cette formulation quelque peu compliquée vise à éclairer l'obligation qui est la mienne de distinguer deux types de rapports entre les deux attitudes (engagement et neutralité) : soit la transparence de l'une à l'autre, soit l'opacité. Ou bien les deux attitudes sont accessibles l'une à l'autre, ou bien elles demeurent inaccessibles. Dans le premier cas, la connaissance, ou encore la conduite observatrice, s'accomplit dans la pleine conscience de sa dépendance par rapport à la reconnaissance préalable, tandis que dans le second cas, au contraire, elle est coupée de cette dépendance et s'imagine à tort qu'elle s'est affranchie de toute présupposition non épistémique. Prolongeant les intentions de Lukács à ce niveau supérieur, nous pouvons nommer « réification » cette forme d'« oubli de la reconnaissance ». La réification est le processus par lequel, dans notre savoir sur les autres hommes et la connaissance que nous en avons, la conscience se perd de tout ce qui résulte de la participation engagée et de la reconnaissance.

Cette affirmation me semble conforme aux intentions des auteurs jusqu'ici convoqués. Ainsi, John Dewey, qui, bien entendu, demeure étranger au concept de « réification » utilisé en Europe, insiste sur le fait que notre pensée réflexive court le danger d'une évolution pathologique dès lors qu'elle oublie son propre enracinement dans une expérience d'interaction qualitative. En rompant avec leur propre origine, tous nos efforts déployés pour connaître scientifiquement le monde s'exposent à oublier la signification existentielle qui présidait en leur commencement même à ces efforts[6]. Stanley Cavell ne dit pas autre chose quand il affirme que la reconnaissance préalable doit être conçue comme « une mise en évidence (*exhibiting*) de l'objet du savoir[7] ». Cela signifie à l'inverse que, dans le cas d'autres hommes, nous ne savons même pas vraiment à quel genre d'être nous avons affaire si nous n'avons plus conscience de l'expérience originaire d'une participation engagée. Mais c'est surtout Theodor W. Adorno qui n'a de cesse d'insister sur le fait que la pertinence et la qualité de notre pensée conceptuelle dépendent de la conscience plus ou moins vive que nous gardons de son lien originaire avec l'objet d'une pulsion, c'est-à-dire avec une personne ou une chose aimée. Pour lui, le souvenir de la reconnaissance ainsi préalablement accordée à l'objet constitue la garantie même du fait que la connaissance ne construit pas fictivement son objet, mais le saisit dans tous les aspects de sa particularité concrète[8]. Aucun de ces trois auteurs ne s'est contenté d'opposer simplement la présupposition non épistémique de la participation engagée à la pensée conceptuelle. Ils étaient tous bien plutôt convaincus que le seuil à partir duquel on entre dans la pathologie, dans le scepticisme, ou encore dans la pensée stérile de « l'identité », comme dirait Adorno, est franchi sitôt que, dans nos efforts réflexifs en vue de la connaissance, on oublie le fait que ceux-ci proviennent d'un acte de reconnaissance préalable. Ce moment d'oubli, d'amnésie, je veux en faire la clé d'une redéfinition du concept de « réification ». Dans la mesure même où, dans nos opérations de connaissance, se perd la trace de ce qu'elles doivent à une posture de reconnaissance, nous tendons à ne percevoir les autres hommes que comme des objets dépourvus de sensibilité. En parlant de simples objets ou même de « choses », on veut dire qu'avec l'amnésie en question, nous perdons l'aptitude à comprendre directement les expressions comportementales des autres personnes comme autant d'incitations à réagir de façon appropriée. Certes, nous sommes encore aptes à percevoir le spectre entier des expressions humaines ; mais ce qui nous manque, c'est, en quelque sorte, le sentiment d'être lié à ces expressions — un sentiment qui est nécessaire pour que nous soyons affectés en retour par ce que nous observons. Dans cette mesure, l'oubli de la reconnaissance préalable — noyau de tout processus de réification — correspond effectivement aussi aux effets d'une réification perceptive du monde. Le monde social environnant revêt, pour ainsi dire, comme c'est le cas pour le monde perceptif de l'autiste, la forme d'une totalité d'objets observables mais dépouillés de tout mouvement propre lié à une vie psychique, dépouillés de toute émotion.

Au niveau plus complexe où je me place, celui d'une réification définie par une certaine relation entre la reconnaissance et la connaissance, des nouveaux problèmes apparaissent qu'il n'est pas aisé de résoudre. Tout d'abord, il me faut disposer d'une représentation même grossière de la façon dont, au cours du processus de la connaissance, le fait de la reconnaissance préalable peut tomber dans l'oubli. Au moment de son argumentation qui traite approximativement de ces problèmes, c'est-à-dire au moment où, dans son modèle trop simple, il dépeint la dissolution de la participation engagée au profit de la conduite simplement observatrice, Lukács introduit un facteur social : le marché. Il est persuadé que les contraintes anonymes que le marché capitaliste exerce sur la conduite sont la cause de l'adoption par les sujets face à leur monde environnant d'une posture de simple connaissance et non de reconnaissance. Mais si l'on remplace le concept simple de réification par celui, de niveau supérieur, que nous avons élaboré, il ne nous est plus possible de passer aussi directement et immédiatement à l'explication sociologique, comme Lukács le fit. Il faut bien plutôt expliquer d'abord comment les présuppositions de reconnaissance propre à la pratique sociale pourraient se soustraire au regard au cours même de cette pratique. Il est acquis généralement que le sujet oublie moins les règles déterminées acquises par la pratique que celles acquises par l'instruction explicite. Comment, dès lors, est-il possible que la reconnaissance préalable, aussi bien génétiquement que catégorialement, soit oubliée dans le cours même des opérations de connaissance que nous accomplissons quotidiennement ? La réponse à cette question devient plus aisée si nous prenons conscience du fait que « oublier » ne recouvre pas ici le sens strict qui est souvent impliqué par le terme de « désapprendre ». Il ne peut s'agir d'un mouvement par lequel le fait premier de la reconnaissance est soustrait à la conscience et donc, en quelque sorte, « disparaît ». Il doit s'agir plutôt d'une espèce de restriction de l'attention par laquelle le fait de la reconnaissance se déplace à l'arrière-plan de la conscience et ne s'offre plus à la vue immédiate. La réification au sens de l'« oubli de la reconnaissance » signifie donc que, dans l'accomplissement du processus de la connaissance, nous cessons d'être attentifs au fait que cette connaissance doit son existence à une reconnaissance préalable.

Or, il existe au moins deux cas spécifiques de cette forme de restriction de l'attention : ils permettent de distinguer deux types particuliers du processus de réification. Dans le premier cas, nous suivons, dans la mise en œuvre d'une pratique, un but particulier si intrinsèquement associé à cette pratique que nous cessons d'être attentifs à tout autre motif ou but, bien qu'ils puissent l'un et l'autre se révéler plus originaires. Tel est le cas du joueur de tennis qui est à ce point obnubilé par le désir de gagner qu'il finit par oublier que son adversaire est d'abord son meilleur ami et que c'est grâce à cette amitié que le match peut se dérouler. L'autonomisation d'un but particulier par rapport au contexte qui le fait advenir constitue, à mon sens, l'un des deux modèles grâce auxquels nous pouvons expliquer la réification. Parce que, dans la mise en œuvre de nos pratiques, le but propre de l'observation et de la connaissance du monde environnant s'autonomise au point de rejeter à l'arrière-plan toutes les autres données de la situation, la reconnaissance se perd. Il est un autre cas qui explique la réification, celui des facteurs non plus internes, mais externes à l'action. Des schémas de pensée influencent notre façon d'agir et conduisent à une interprétation sélective des faits sociaux. Ils peuvent en conséquence réduire dans une large mesure l'attention que nous portons aux données significatives d'une situation. Il est inutile ici d'invoquer une quelconque illustration : ce cas est trop connu pour avoir besoin d'une exemplification triviale. L'attention à la préexistence de la reconnaissance peut se perdre dans la mise en œuvre de nos pratiques quand nous nous laissons influencer par des schémas de pensée et des préjugés irréconciliables d'un point de vue cognitif avec l'antériorité de la reconnaissance. Dans ce dernier cas, il conviendrait de parler d'une « dénégation », voire d'une « défense », plutôt que d'un « oubli ».

Ces deux modèles permettent d'expliquer le processus de réification dans le cadre d'une approche plus complexe. En un mot, dans le premier cas, l'unilatéralisation ou le durcissement de la posture de connaissance adviennent parce que le but propre à cette dernière s'autonomise ; dans l'autre cas, advient une dénégation seconde de la reconnaissance à cause d'un préjugé ou d'un stéréotype. Cette clarification de la forme différenciée que peut prendre le processus de réification était nécessaire pour que nous puissions maintenant nous placer au niveau de l'explication sociologique appropriée. Il est clair que les causes qui viennent d'être mentionnées ne sont ni des pratiques institutionnalisées qui conduiraient à l'autonomisation de l'observation comme but, ni des schémas de pensée socialement efficaces qui produiraient la dénégation de la reconnaissance préalable. Mais il demeure cependant un dernier point dont l'éclaircissement est tout aussi nécessaire à ma démonstration : la thèse du primat de la reconnaissance peut-elle aussi s'appliquer à la relation que l'homme entretient à l'environnement naturel et à lui-même ?

Lukács, Heidegger et Dewey considéraient tous que la priorité de l'attitude participante et engagée, du souci et de la reconnaissance, se retrouve également dans notre rapport à la nature. Ainsi, de même que nous devons d'abord être affectés par les autres hommes avant de pouvoir adopter une attitude plus neutre, de même le monde physique environnant doit d'abord avoir été découvert dans sa valeur qualitative avant que nous puissions entretenir avec lui un commerce qui le vise dans son objectivité. En opposition à cette affirmation globale, les théories que j'ai évoquées au chapitre III à titre de preuves indépendantes se sont bornées à des énoncés qui ne concernent que le monde interpersonnel. Aussi bien Tomasello que Hobson, mais aussi Stanley Cavell, parlent d'un primat de l'identification ou de la reconnaissance uniquement pour ce qui concerne le rapport avec les autres hommes. Ils n'évoquent pas le rapport aux êtres non humains, aux plantes, voire aux choses. Or, le concept de « réification » que j'ai tenté de ranimer en me rattachant à Lukács exige que nous rendions compte de la possibilité d'une perception réifiante non seulement du monde social, mais aussi du monde physique environnant. Dans cette perspective, à propos des choses que nous rencontrons dans notre activité quotidienne, nous savons que notre rapport à elles est faussé dès lors que nous les saisissons simplement de manière neutre et les considérons selon un point de vue externe. Cette intuition me conduit à résoudre un problème posé par l'étroitesse même de mon argumentation en faveur de la « reconnaissance ». Car comment peut-on justifier l'idée de réification de la nature si l'on se contente de montrer, comme c'était le cas jusqu'ici, que nous devons préserver la primauté de la reconnaissance face aux autres hommes ?

Pour répondre, on pourrait se contenter de faire appel aux propositions de Heidegger et de Dewey qui tous deux insistent, différemment, il est vrai, sur le préalable qu'est la découverte du monde environnant dans sa signification qualitative, antérieure au rapport théorique que le sujet pourra entretenir avec ce monde. Mais la chose devient moins aisée avec Lukács. Car il ne lui suffirait pas de poser la nécessité d'adopter au commencement une posture de participation engagée face à la nature. Il devrait également démontrer que l'abandon de cette perspective est finalement incompatible avec la volonté de saisir ultimement la nature de la façon la plus objective possible. Seule l'affirmation du primat catégorial de la reconnaissance sur la connaissance à propos du monde des objets permettrait à Lukács, en fin de compte, de prouver que le traitement instrumental de la nature heurte une présupposition nécessaire de nos pratiques sociales. Je ne vois pas comment cette preuve pourrait aujourd'hui être produite. Et aussi bien chez Heidegger que chez Dewey, j'ai du mal à discerner l'élément sur lequel on pourrait fonder la thèse forte selon laquelle une objectivation de la nature violerait en quelque sorte le primat du souci ou de l'expérience qualitative. Ainsi, la voie directe que Lukács a empruntée afin de fonder l'idée d'une réification qui s'étendrait à la nature extérieure nous est manifestement fermée. Nous pouvons considérer comme éthiquement désirable la possibilité d'entretenir un commerce interactif, empreint de reconnaissance, avec les animaux, les plantes et même les objets, mais cette préférence normative ne peut fournir aucun argument qui permettrait d'établir le caractère irremplaçable de ce type de commerce. Plus prometteuse me semble être la voie qui consiste à prolonger l'intuition de Lukács grâce au détour par la thèse affirmant le primat de la reconnaissance intersubjective. Ce choix, je peux le justifier par une réflexion à laquelle j'avais fait brièvement allusion en me référant à l'idée adornienne d'une imitation originaire.

Adorno a fait sienne la pensée selon laquelle l'accès cognitif au monde objectif n'est possible que grâce à l'identification avec des personnes importantes de l'entourage, c'est-à-dire grâce à l'investissement libidinal d'un autre concret. Mais de cet argument génétique, il a aussi tiré une autre conclusion, qui est éclairante pour la discussion que nous conduisons actuellement. D'après sa conception, la présupposition d'une telle identification ne signifie pas seulement que l'enfant apprend à séparer les attitudes à l'égard des objets des objets eux-mêmes, formant par là progressivement le concept d'un monde indépendant. Elle signifie bien plutôt que la perspective de la personne aimée à laquelle l'enfant se sent attaché sera maintenue par le souvenir et sera considérée comme un aspect différent de l'objet entre-temps fixé objectivement. L'imitation de l'autre concret, alimentée par l'énergie libidinale, est transférée, pour ainsi dire, à l'objet dans la mesure où celui-ci, en plus de sa réalité indépendante, est enrichi par les autres significations dont la personne aimée le dote. Plus nombreuses sont les attitudes d'autres personnes que le sujet rassemble au cours de son investissement libidinal d'un même objet, plus la réalité objective de ce dernier lui apparaîtra finalement riche en aspects divers. En ce sens, Adorno est persuadé que l'on peut également parler de « reconnaissance » pour ce qui concerne les objets non humains, mais n'y voit qu'une manière de parler fondée sur une signification dérivée des termes originels : en réalité, nous respectons tous les aspects particuliers et les significations d'un objet qui doivent leur existence aux attitudes d'autres personnes. On devrait peut-être même formuler de façon plus aiguë la conclusion d'Adorno et la ressaisir dans le sens d'une connexion interne entre la morale et la connaissance : la reconnaissance de l'individualité d'autres personnes exige que nous observions les objets en tenant compte de tous les aspects particuliers que ces personnes ont pu percevoir[9].

Mais cette extension normative va beaucoup plus loin que ce qui nous est effectivement nécessaire pour reformuler, à l'aide de la pensée d'Adorno, la pensée d'une possible « réification » de la nature. Avec Adorno, l'occasion se présente de justifier cette idée sans recourir à des hypothèses spéculatives sur un commerce interactif avec la Nature. Comme je l'ai dit plus haut, la réification de l'être humain signifie que l'on perd de vue ou que l'on dénie la reconnaissance qui la précède. Grâce à Adorno, on peut maintenant ajouter que cette reconnaissance préalable signifie également que l'on respecte les significations que les êtres humains ont attribuées aux objets. Si tel est le cas, si donc nous devons reconnaître, en même temps que nous reconnaissons les autres personnes, leurs représentations subjectives et leurs sentiments à propos des objets non humains, alors nous pouvons parler sans restriction d'une « réification » potentielle de la nature. Celle-ci consisterait en ce que, au cours de la connaissance que nous acquérons des objets, nous cessons d'être attentifs aux significations supplémentaires dont les dotent les perspectives propres aux autres hommes. Comme dans le cas de la réification de l'être humain, c'est alors une « certaine sorte d'aveuglement[10] » qui est à l'œuvre dans la connaissance. Nous n'observons les animaux, les plantes ou encore les choses qu'en les identifiant de façon objective, sans nous rendre compte qu'ils possèdent une multiplicité de significations existentielles pour les personnes qui nous entourent et pour nous-mêmes.

Chapitre V

L'autoréification : les contours du phénomène

Dans les considérations qui précèdent, j'ai tenté de reformuler grâce à la théorie de la reconnaissance deux aspects de ce que Lukács, dans son essai classique, avait appelé « réification ». Elles ont permis d'établir que nous pouvons parler de façon directe de « réification » uniquement dans le cas d'un rapport à d'autres personnes. Le sens ne peut, en revanche, n'être qu'indirect, dérivé, lorsqu'il s'agit du rapport à la nature externe. Dans le cas du rapport à d'autres personnes, la notion de réification signifie l'oubli de leur reconnaissance préalable ; lorsqu'il s'agit du monde objectif, elle signifie que l'on perd de vue la diversité de ses significations possibles dont les autres hommes, ceux-là mêmes que le sujet a reconnus auparavant, l'ont doté. L'asymétrie dans ce double usage du concept résulte du fait que la reconnaissance ne constitue pas une présupposition nécessaire pour la connaissance de la nature, comme c'est le cas pour la connaissance des autres hommes. Nous pouvons adopter une attitude réifiante en face du monde objectif sans perdre pour autant la possibilité d'y accéder, alors que nous ne pouvons même plus connaître d'autres personnes en tant que « personnes » si la reconnaissance préalable est maintenue dans l'oubli[1]. Ainsi, la « réification » des processus naturels propres aux choses ou aux formes de vie extrahumaines n'entraîne-t-elle aucune lésion des présuppositions pratiques qui sont nécessairement liées à notre monde vécu social, à l'encontre de ce qui advient lorsque nous adoptons une attitude réifiante à l'égard d'autres hommes. Cependant, pour ne pas entièrement renoncer à l'idée d'une réification de la nature, je me suis proposé d'étendre les conditions de la reconnaissance propre à l'interaction humaine au domaine de notre commerce avec le monde naturel. Certes, nous ne portons atteinte à aucune présupposition pratique de notre rapport cognitif à la nature quand nous adoptons face à elle une attitude qui n'est qu'objectivante ; mais nous portons indirectement atteinte aux conditions non épistémiques de notre commerce avec les autres hommes. Car nous « oublions » la reconnaissance préalable de ces personnes que nous avons effectuée lorsque, dans notre conduite objectivante, nous faisons abstraction des dimensions existentielles que ces personnes ont elles aussi auparavant attribuées à une partie de leur environnement naturel. C'est une sorte d'« oubli de la reconnaissance » au second degré que j'ai clarifiée en me référant à certains thèmes adorniens pertinents dans ce contexte, en particulier à certains passages des *Minima Moralia.* Plus convaincant et plus direct, William James, dans son célèbre essai sur l'« aveuglement» moral, a par ailleurs bien montré comment nous manquons de respect et même d'attention envers autrui lorsque nous ignorons les intérêts concrets qui le lient aux choses qui l'entourent dans son existence quotidienne[2].

Cependant, Lukács a évoqué trois aspects, et non pas seulement deux, des phénomènes à l'œuvre dans une conduite «réifiante». Outre le monde intersubjectif formé par les hommes et le monde objectif des phénomènes naturels, il a aussi distingué le monde des expériences internes, des activités mentales. Ce monde, à son tour, peut être abordé dans une attitude purement observatrice, et non pas participante. Nulle part dans son essai, Lukács ne fait vraiment l'effort de décrire plus précisément la manière dont se présente la structure de cette autoréification. Mais sa référence paradigmatique au journaliste — qui serait contraint d'adapter sa «subjectivité», son «tempérament» et son «talent» aux intérêts du lectorat qu'il anticipe toujours[3] — a fourni un matériau assez satisfaisant pour que, presque vingt-cinq ans plus tard, Adorno lui-même le cite longuement lorsqu'il discute de questions analogues[4]. Mais Adorno ne précise pas, lui non plus, en quoi consiste une relation à soi-même réifiante. Certes, il explique que le sujet se conduit alors par rapport à ses propres propriétés comme il le ferait face à un «objet interne» conforme à une «fonction dans une situation donnée[5]»; mais il ne dit rien de ce que serait une attitude positive, non réifiante, à l'égard de sa propre subjectivité. Si nous voulons aujourd'hui donner un sens à cette idée lukácsienne d'un troisième complexe de réification, il convient de se demander, en suivant la méthode utilisée précédemment, s'il est possible de parler à propos du monde intérieur d'une antériorité (nécessaire) de la reconnaissance. Peut-on affirmer que les sujets humains doivent, également à l'égard d'eux-mêmes, adopter une attitude de reconnaissance « tout d'abord et le plus souvent », pour parler comme Heidegger, de sorte qu'un rapport à soi-même de type simplement cognitif puisse être caractérisé comme une réification et donc comme une sorte de fourvoiement ?

Différentes options théoriques permettent de répondre positivement à cette question. Par exemple, la théorie de la relation d'objet chez Winnicott, tout comme les recherches qui portent sur le processus de séparation du jeune enfant de sa mère, permettent d'établir le fait que la santé psychique de l'individu dépend d'un rapport de type ludique et explorateur avec sa propre vie pulsionnelle[6]. Ce que l'on décrit en évoquant un tel type de rapport à soi regroupe pour l'essentiel les mêmes caractéristiques que celles qui interviennent dans la définition d'une attitude de reconnaissance à l'égard de soi-même[7]. Une autre façon de conforter la thèse de la primauté de la reconnaissance dans le rapport à soi pourrait consister à revenir à certains passages, trop peu remarqués, où Aristote se consacre dans l'*Éthique à Nicomaque* à la question de l'« amitié pour soi-même[8] ». En effet, Aristote y décrit la manière dont un rapport à soi-même satisfaisant est lié à l'exercice d'une maîtrise bienveillante à l'égard de ses pulsions et de ses affects, ce qui se laisse peut-être également comprendre comme une référence au type de relation que soutient avec soi celui qui va au-devant de sa « vie intérieure » en adoptant une attitude de reconnaissance. Pour finir, à titre de troisième exemple, on pourrait invoquer les récentes analyses de Peter Bieri à propos de la nécessité d'une « appropriation » de notre propre volonté[9]. Si, comme le soutient Bieri, nous ne pouvons parvenir à la véritable liberté de la volonté que par l'appropriation de nos désirs et de nos sensations en nous les formulant pour nous-mêmes, et non pas seulement en les acceptant passivement, alors ce processus actif d'appropriation peut être conçu comme l'esquisse de ce qu'exige de nous un rapport à soi-même formé par la reconnaissance.

Néanmoins, chacun de ces exemples suppose que nous sachions comment le concept de « reconnaissance » peut s'utiliser de façon appropriée dans le cadre d'une interrogation sur le rapport à soi. Comme ce concept s'applique traditionnellement à l'interaction entre des êtres humains, le fait qu'il puisse concerner la relation que l'on entretient avec soi-même reste encore obscur. D'ailleurs, les trois modèles théoriques qui viennent d'être invoqués doivent plutôt être compris comme des idéaux de nature principalement normative, éthique, alors que, dans notre propos, la question porte surtout sur la possible primauté du rapport à soi de « reconnaissance » au point de vue de l'ontologie sociale. Si le champ d'application de la notion de réification doit être élargi jusqu'au point où il peut concerner le rapport que le sujet entretient à lui-même, il faut supposer préalablement une forme de relation à soi « originaire », normale, qui permettrait de décrire la réification comme une déviation problématique. Dans cette perspective, il me semble plus judicieux, au lieu de recourir à des représentations conceptuellement apparentées, d'analyser le phénomène lui-même : il s'agit de savoir si la manière dont nous nous rapportons habituellement à nos désirs, à nos sentiments et à nos projets peut être décrite de façon sensée et convaincante par le concept de « reconnaissance ».

Examinons les arguments de la position adverse. Selon une idée répandue, le rapport des sujets à eux-mêmes doit être pensé suivant le modèle du rapport que nous sommes censés entretenir avec le monde. De même que, apparemment, nous nous rendons attentifs aux choses du monde dans la mesure où nous les connaissons de façon neutre, de même, nous nous rapporterions à nos propres désirs et nos propres sentiments en adoptant à leur égard une attitude cognitive neutre. Le sujet ferait retour sur lui-même afin d'enregistrer dans son monde intérieur quelque événement mental. Ce n'est pas sans raison que, dans une étude récente, David Finkelstein a parlé à propos de ce modèle d'une conception « détectiviste ». Le sujet est considéré comme un détective possédant un savoir privilégié à propos de ses désirs et de ses sentiments, parce qu'il les déniche et les « découvre » dans son monde intérieur à l'issue d'une enquête. Ainsi, les intentions qui correspondent à ces sentiments et à ces désirs existeraient toujours déjà avant le mouvement de retour sur soi subjectif, et il suffirait de les découvrir pour les rendre disponibles à la conscience[10]. Nous avons pourtant déjà montré, en reprenant les analyses de Lukács, de Heidegger et de Dewey dans un précédent chapitre, à quel point l'image d'une attitude face au monde objectif qui serait primordialement d'ordre cognitif est peu convaincante. C'est dire l'invraisemblance du transfert de cette image au domaine du rapport à soi.

La première difficulté à laquelle est confrontée la conception cognitiviste du rapport à soi provient de ce que la nécessité d'établir le parallélisme avec la connaissance des objets « externes » suppose que l'on attribue au sujet un organe de connaissance interne. Quelle que soit la manière dont on détermine exactement l'acte de connaissance dirigé vers l'intérieur, on est toujours obligé de supposer l'existence d'une faculté qui rende possible la perception de nos états internes, de même que les organes des sens rendent possible la perception des objets. Contre l'idée d'un tel « œil intérieur », on a depuis longtemps soulevé un nombre si important d'objections convaincantes que je me bornerai à mentionner l'argument de John Searle concernant la régression à l'infini. Si c'est par un acte de perception dirigé vers l'intérieur que nous parvenons à prendre conscience de nos états mentaux, un tel acte devrait lui-même consister en un état mental, de sorte que nous devrions en rendre compte par un acte de perception de degré supérieur, ce qui conduirait finalement à une régression à l'infini[11]. Cependant, ce n'est pas uniquement cette difficulté conceptuelle, liée à la présupposition d'un organe de perception interne, qui rend extrêmement douteuse la comparaison du rapport à soi avec un processus de connaissance. Une seconde difficulté provient de ce que la présupposition d'un organe intérieur repose sur une vision phénoménologiquement très peu plausible et trompeuse de ce que sont nos vécus internes. Parce que nos désirs et nos sentiments sont conçus comme des objets à connaître, ils devraient se voir attribuer les caractéristiques distinctives et définitives qui sont propres aux entités du monde objectif ; il faudrait que les affects et les intentions, à titre de phénomènes mentaux, se définissent toujours déjà par des contours nettement dessinés avant même que nous puissions les découvrir en faisant un retour sur nous-mêmes. Cette conception ne rend pas compte du fait que de tels états mentaux ont, en général, plutôt un contenu diffus, hautement indéterminé, un contenu qui se soumet difficilement à de purs et simples constats. Fixer nos propres désirs et nos propres sentiments semble bien plutôt requérir cette activité supplémentaire qui nous permet d'attribuer une signification clairement dessinée à des états encore obscurs et entremêlés. Penser le rapport à soi selon le modèle des actes de connaissance dans lesquels il s'agit de mettre au jour des états de choses existants se révèle problématique, voire trompeur.

Contre la conception cognitiviste, on pourrait

encore mobiliser d'autres objections simples qui se rapportent à la manière spécifique dont les états mentaux se présentent. Par exemple, invoquer le fait que nos désirs et nos sentiments se caractérisent si peu par une situation précise dans l'espace et le temps qu'il semble bien difficile de les comparer à des objets délimités spatialement et temporellement[12]. Mais pour rendre possible l'élaboration d'un concept d'autoréification de la personne, les deux objections formulées plus haut suffisent. De même que la relation de l'homme au monde des choses ne peut être conçue comme une simple connaissance, de même la relation que le sujet entretient avec lui-même n'est pas à comprendre selon le schéma de la saisie cognitive d'états mentaux. Or, contre le « détectivisme », on a depuis longtemps (probablement depuis Nietzsche) mis en valeur un tout autre modèle qui souligne fortement la dimension active de notre rapport à nous-mêmes. Mais une telle conception « constructiviste » s'oriente elle aussi vers une direction très différente de celle que nous visons en invoquant le primat de la relation de reconnaissance.

Le constructivisme ou le « constitutionnalisme », pour emprunter de nouveau une expression à David Finkelstein[13], s'appuie sur une propriété du rapport à soi que le modèle cognitiviste a échoué à expliquer : nous parlons avec assurance et autorité de nos états mentaux sans pouvoir nous prévaloir à leur propos d'une connaissance certaine de leur contenu, analogue à celle qui viserait des objets observables. De cette asymétrie, le constitutionnalisme déduit que ces états doivent consister en des entités que nous contribuons activement à former. Au moment où nous formulons certaines intentions devant des interlocuteurs, nous déciderions également de les faire exister en nous. C'est en vertu d'une réalisation constructive qu'il nous est possible de sortir de l'indétermination caractéristique de ce que nous sommes : nous nous rapportons à nos états mentaux dans la mesure où nous leur attribuons un contenu par une décision soudaine qui s'exprime dans l'énoncé linguistique. Comparée à la conception cognitiviste, cette approche a l'avantage de ne supposer l'existence ni d'une faculté interne de perception ni celle d'états internes comparables à des objets ; les désirs et les sentiments y sont bien plutôt désignés sans autre forme de procès comme des produits du libre arbitre, en sorte que le sujet concerné semble pleinement responsable d'eux.

Cette dernière remarque suffit à faire comprendre que le constructivisme, à bien l'examiner, explique aussi mal les choses que le détectivisme. L'idée selon laquelle le rapport à soi-même repose sur des actes perceptifs dirigés vers l'intérieur se heurte au caractère non objectif de nos états intérieurs ; mais la conception constructiviste se heurte au fait que ces états s'imposent à nous et nous restent indociles. En effet, aucun des sentiments que nous éprouvons ne possède une plasticité suffisante pour que nous puissions, par un simple acte de nomination, leur assigner des propriétés empiriques déterminées. Phénoménologiquement parlant, nous rencontrons le plus souvent nos états mentaux plutôt comme des sentiments, des désirs et des intentions qui se produisent en nous passivement, comme des états qui surviennent en nous avant que nous puissions obtenir à leur égard l'espace requis pour le jeu de l'activité interprétative[14]. C'est cet effet de limitation inhérent aux sentiments que le constructivisme semble dénier lorsqu'il attribue au sujet une capacité illimitée à l'auto-attribution. L'idée selon laquelle la familiarité que nous entretenons avec nos états mentaux s'explique parce que nous les produisons se heurte à l'effet de limitation qui les caractérise. S'il est vrai que nous disposons toujours d'un certain espace de jeu à l'égard de nos sentiments — celui qui provient du pouvoir co-formateur de l'interprétation —, il n'en demeure pas moins que celui-ci reste très étroitement limité par la passivité dans laquelle les sentiments sont donnés.

Cependant, il ne faudrait pas que cette insistance sur la passivité présente dans le rapport à soi-même nous reconduise au modèle cognitiviste et à la conception qui voit dans nos sentiments des objets indépendants. Il faut retenir du constructivisme que les états intérieurs ne sont pas donnés indépendamment de la conscience que l'on en a ou de la façon dont on en parle : une douleur existe aussi longtemps que le sujet concerné la ressent ; je n'éprouve un désir que si je suis parvenu à l'exprimer d'une manière qui lui convienne à peu près. L'erreur du constructivisme commence quand il conçoit ces conditions nécessaires à la mise en rapport du sujet avec ses vécus comme des mécanismes de production effective — comme si c'était seulement la conscience de la douleur qui la faisait exister, comme si la formulation linguistique de nos désirs suffisait à les créer. Le simple fait que ce soit toujours *quelque chose* que nous exprimions, de même que le fait que c'est toujours *à quelque chose* que nous prêtions attention, suffisent à faire apparaître la fragilité de la conclusion que le constructivisme tire de ses prémisses, qui sont pourtant exactes. Car sans l'impulsion fournie par un sentiment passivement reçu, nous ne nous mettrions pas à aiguiser notre attention ou à rechercher les mots appropriés. Tout cela n'implique pas que nous fassions intervenir, pour expliquer l'origine de cette impulsion sensible, une sorte d'être qui serait exempt de toute présupposition conceptuelle et qui exercerait une influence sur nous à la manière d'un vestige préservé de la naturalité primordiale. Si d'ordinaire nous entretenons un certain rapport de familiarité avec nos désirs et nos sentiments, c'est parce que nous avons appris au cours du processus de notre socialisation à les percevoir comme des composantes intérieures d'un monde vécu et linguistiquement délimité. Mais il nous arrive aussi d'être surpris par des états mentaux qui nous paraissent complètement étrangers ou opaques tant les éléments de la préhistoire de la socialisation langagière qui leur correspondraient font défaut. Toutefois, même dans ces cas, qui peuvent se rattacher à un manque de familiarité ponctuel ou à une désymbolisation antérieure[15], nous pouvons adopter face à ce sentiment une attitude qui permette de l'interpréter et de le formuler en comparant sa dimension d'altérité à ce qui se donne à nous dans l'horizon de la familiarité. En pensant le rapport à soi-même selon un tel modèle, c'est une troisième voie entre le détectivisme et le constructivisme qui s'offre d'elle-même, une voie que l'on peut qualifier d'« expressiviste ». Nous n'observons pas nos états mentaux comme des objets, nous ne les construisons pas non plus grâce aux expressions langagières; nous les formulons en fonction de ce qui nous est intérieurement toujours familier[16]. Un sujet qui se rapporte à lui-même sur ce mode originaire doit considérer ses propres sentiments et ses propres désirs comme quelque chose qui mérite d'être formulé. Il y a donc lieu ici aussi de parler de la nécessité d'une reconnaissance préalable.

Une telle forme de reconnaissance ne concerne pas le partenaire d'interaction qui doit toujours déjà avoir été accepté en tant que personne, avant même qu'une forme quelconque d'acte de communication avec lui ne devienne possible. Ici, il s'agit plutôt d'une reconnaissance que le sujet doit avoir déjà éprouvé pour pouvoir approcher ses propres états mentaux dans un contact expressif. Si ses propres désirs et ses propres sentiments ne sont pas d'abord ressentis par un sujet comme quelque chose qui vaut la peine d'être exprimé, il ne pourrait trouver d'accès à sa propre intériorité comme à quelque chose qui doit être conservé au sein du rapport à soi-même. Ces derniers temps, cette sorte de reconnaissance de soi-même a souvent été caractérisée, en liaison avec la conceptualisation heideggérienne, comme « souci de soi[17] ». Ce que l'on entend par là, c'est que le sujet adopte d'abord à l'égard de lui-même une attitude de préoccupation engagée analogue à celle qui existe, selon Heidegger, dans notre commerce avec les choses et avec les autres hommes. Si l'on n'attribue pas à une telle relation de souci de soi-même plus de valeur éthique que celle qu'exprime le fait de tenir pour dignes d'être maintenus les désirs et les sentiments que l'on éprouve, elle se révèle identique à l'attitude que je caractérise comme étant la reconnaissance de soi-même. Afin d'être en mesure d'entrer en relation avec soi de façon expressive, il faut qu'un sujet puisse s'accepter lui-même au point de considérer que ses propres vécus psychiques méritent d'être activement envisagés et formulés[18]. Cette manière de définir la reconnaissance de soi-même correspond approximativement à ce que Harry Frankfurt appelle l'« amour de soi[19] ». Tout comme lui, je présuppose qu'il existe une sorte de rapport à soi par lequel nous nous identifions à nos désirs et à nos fins ou par lequel nous les acceptons, d'une manière telle que se trouve éveillé inévitablement en nous le mouvement qui conduit à rechercher la visée de fins fondamentales, authentiques ou « de second niveau ». Je nomme « expressive » l'attitude que nous adoptons face à nous-mêmes au cours de ce processus de mise au jour de notre soi — et, probablement en désaccord avec Harry Frankfurt, j'ai la conviction que c'est cette espèce de reconnaissance de soi-même dont Freud, dans sa théorie psychanalytique, présuppose l'existence évidente, comme s'il s'agissait de l'attitude irréductible de l'homme à l'égard de lui-même.

Jusqu'ici, j'ai fait comme si, avec le détectivisme et le constructivisme, il ne s'agissait que de discuter deux modalités déficientes du rapport à soi-même. L'idée selon laquelle nous ne pouvons que connaître nos sentiments, l'idée que nous les construisons par des autodescriptions, sont l'une et l'autre incapables de rendre compte de la nature de la relation personnelle à soi-même. Or, rien ne nous empêche de considérer que ces deux modèles décrivent la manière dont le rapport à soi peut se trouver mis en échec. Dans cette perspective, qu'on pourrait peut-être appeler celle de la « critique de l'idéologie », nous considérons le détectivisme et le constructivisme comme deux manières pertinentes de décrire, non pas certes le mode originaire du rapport à soi, mais les modes déficients par lesquels on peut se rapporter à sa propre intériorité. Sous cet éclairage nouveau, nous comprendrons mieux comment le détectivisme décrit le rapport à soi comme un processus cognitif. Se représenter comme une personne qui considère toujours ses propres désirs comme fixes, comme quelque chose qu'il convient de découvrir et d'observer, cela n'advient que lorsque l'on veut se conformer à un type social — c'est ce que le détectivisme suggère involontairement, mais avec justesse. Le même genre d'analyses s'applique au constructivisme. Son modèle de description peut également être considéré comme l'esquisse d'un type social — celui des personnes qui vivent dans la représentation illusoire selon laquelle les sensations et les désirs qui leur sont attribués par autrui en fonction de considérations utilitaires pourraient être leurs propres sensations et leurs propres désirs. Ces deux exemples illustrent un fait d'importance : à savoir que nous pouvons nous représenter nous-mêmes par l'intermédiaire de formes de conduite à notre égard qui correspondent aux schémas du détectivisme et du constructivisme. Dans le premier cas, le sujet se rapporte à ses états mentaux comme à un donné fixe et figé ; dans le second, il considère ces états comme des états à produire, il les regarde comme quelque chose dont il peut disposer selon ce que le contexte réclame. La connexion avec le phénomène de l'autoréification apparaît clairement. Les formes du rapport à soi dont rendent compte le détectivisme et le constructivisme correspondent respectivement à des modes spécifiques de réification de son propre soi parce que, dans les deux cas, les états vécus intérieurement sont appréhendés selon le modèle des objets donnés comme des choses. La différence provient seulement du fait que, dans le premier cas, les sentiments propres sont vécus « au-dedans » comme des objets définitivement fixés qu'il faut découvrir, alors que, dans le second cas, le sujet les considère comme quelque chose qu'il faut produire de manière instrumentale.

Au vu de ce qui vient d'être dit, il semble tout à fait pertinent de parler avec Lukács de la possibilité d'une autoréification, si l'on entend désormais par là des manières de faire l'expérience de ses propres sentiments et de ses propres désirs selon le modèle des entités chosales. La littérature de notre époque foisonne de personnalités humaines qui sont décrites comme prisonnières du cercle de l'auto-observation ou bien travaillent avec énergie à se fabriquer des motifs d'action et des besoins stratégiquement adaptés[20]. Cette tendance s'accompagne du déclin progressif de la culture psychanalytique, qui jadis procurait aux hommes des moyens de créer un rapport à soi-même d'exploration, afin d'exprimer des finalités devenues hésitantes, et non pas seulement de les observer, voire de les manipuler[21]. Ce qui peut être tenu pour la cause de cette tendance à l'autoréification, c'est ce que nous avons décrit plus haut comme l'« oubli de la reconnaissance ». Dans le rapport à soi-même, les modes correspondant à l'observation et à la production ne peuvent s'épanouir que si les « sujets » commencent à oublier que leurs désirs et leurs sentiments valent la peine qu'ils les formulent et qu'ils se les approprient. En ce sens, la réification de soi, tout comme la réification des autres, résulte d'une attention amoindrie à la primauté de la reconnaissance. De même que dans le premier cas nous perdons de vue le fait que nous avons toujours déjà reconnu les autres, de même nous inclinons dans le second à oublier le fait que nous nous sommes toujours déjà reconnus, puisque c'est seulement ainsi que nous pouvons accéder à ce que nous sommes. Pour comprendre ce que veut dire en général le fait d'avoir des désirs, des sentiments ou de se proposer des buts, nous devons préalablement les avoir éprouvés comme une partie de notre soi qui mérite d'être acceptée, comme quelque chose qu'il importe de rendre intelligible à nous-mêmes et aux partenaires de nos interactions. Ajoutons qu'au même titre que la reconnaissance des autres personnes, la primauté qu'il faut attribuer à la reconnaissance de soi n'est pas seulement d'ordre génétique.

Quant à cette structure élémentaire du rapport de reconnaissance à soi, mentionnons encore deux aspects qui complètent le tableau esquissé au début du chapitre à partir d'autres conceptions théoriques. Lorsque Winnicott parle de l'exploration créative et ludique que l'individu fait de ses propres besoins, lorsque Aristote parle de l'amitié pour soi-même, lorsque Bieri parle de l'appropriation de ses propres désirs, il s'agit là d'autant d'aspects supplémentaires de ce genre de reconnaissance par laquelle les sujets se visent eux-mêmes dans la mesure où ils doivent comprendre leurs propres états internes comme une part de leur soi susceptible d'être exprimée linguistiquement et valorisée. Que cette acceptation préalable de soi tombe dans l'oubli, qu'elle soit négligée, voire ignorée, et se crée aussitôt un espace favorable à l'établissement de formes du rapport à soi que l'on peut décrire comme des « réifications » de soi. L'expérience de ses propres désirs et de ses propres sentiments, on la fait alors sur le modèle de l'objet-chose qui peut être soit passivement observé soit activement produit.

Chapitre VI

Les sources sociales de la réification

Dans mon parcours, au terme duquel j'ai reconduit le phénomène social de la réification dans ses différentes dimensions — intersubjective, objective et subjective — à l'oubli de la reconnaissance, j'ai toutefois négligé la pièce maîtresse de l'analyse de Georg Lukács. Toutes ses remarques sur la simple observation comme conduite dominante dans la vie du travailleur, dans les rapports avec la nature, voire dans le commerce social convergent vers une thèse qui relève de la théorie de la société : la thèse selon laquelle la généralisation à l'ère capitaliste de l'échange marchand constitue la cause unique de ces phénomènes de réification. Sitôt que les sujets se voient contraints d'accomplir leurs interactions sociales sous la forme prédominante de l'échange économique de marchandises, ils seraient conduits à se percevoir ainsi qu'à percevoir les partenaires de leurs interactions et les biens de l'échange sur le modèle d'objets, et donc à se rapporter à leur monde environnant d'une façon qui, là encore, est uniquement celle de l'observation. À cette thèse compacte, il est difficile d'opposer une objection unique, centrale, tant ses éléments constitutifs sont nombreux à être problématiques. Déjà la référence au fait que la réification des autres hommes n'advient qu'à la condition que s'oublie la reconnaissance préalable de leur qualité de personnes souligne la faiblesse de l'équivalence posée par Lukács entre les échanges de biens et la réification. En effet, dans l'échange économique, le partenaire de l'interaction conserve normalement son statut de personne, au sens juridique du terme. Lukács, cependant, dessine les contours d'une tâche qui demeure un défi essentiel pour toute analyse des processus de réification. Si la tendance aux attitudes réifiantes ne doit pas être simplement ramenée aux processus du développement spirituel ou culturel, il est nécessaire d'identifier les structures ou les pratiques sociales qui favorisent ou qui provoquent cette tendance. Pour conclure mon enquête, je développerai sous trois points de vue différents quelques remarques préparatoires en vue d'une telle « étiologie sociale » (Martha Nussbaum) de la réification. Je peux ici m'appuyer sur quelques hypothèses qui ont joué un rôle dans mes réflexions lorsqu'il s'agissait d'évoquer les causes possibles de l'« oubli de la reconnaissance » à l'égard des autres personnes.

(1) Lukács décrit l'effet que produit la société de marché capitaliste comme si celui-ci conduisait automatiquement à une généralisation des attitudes réifiantes dans les trois dimensions (intersubjective, objective et subjective), jusqu'à ce qu'il

ne reste que des sujets qui se réifient eux-mêmes, qui réifient tout autant le monde naturel environnant et les autres hommes. Cette totalisation s'explique par une série d'erreurs conceptuelles et empiriques. Je ne voudrais relever ici que celles qui importent particulièrement pour la suite de mon propos. D'un point de vue conceptuel, il faut d'abord constater que Lukács a tendance, de façon extrêmement problématique, à poser une équivalence entre les processus de dépersonnalisation des relations sociales et les processus de réification. On sait que c'est Simmel qui, dans sa *Philosophie de l'argent*, a cherché à comprendre dans quelle mesure la croissance des interactions médiatisées par le marché implique en même temps une indifférence grandissante à l'égard des partenaires de l'interaction[1]. Il entendait exprimer par là le fait que les propriétés distinctives d'autrui perdent leur signification communicationnelle dès que celui-ci est réduit au statut de partenaire d'un acte d'échange médiatisé par l'argent. Lukács met tacitement sur le même plan ce processus de « réification » analysé par Simmel et l'avènement de la réification sociale, sans considérer de façon appropriée la différence centrale qui existe entre les deux phénomènes. Car, comme y insiste Simmel lui-même[2], dans un rapport social « dépersonnalisé » à cause de l'échange monétaire, autrui doit rester présent en tant que porteur des propriétés qui caractérisent les personnes en général pour pouvoir compter comme un partenaire fiable d'échange, alors que la réification d'une autre personne signifierait qu'on lui dénie sa qualité d'être humain. Ainsi, la dépersonnalisation de rapports sociaux présuppose la reconnaissance élémentaire de l'autre, devenu anonyme, en tant que personne humaine, alors que la réification consiste justement à combattre ou à « oublier » cette donnée préalable. Dans ces conditions, le processus de réification n'est pas la même chose que le processus universel de « réification » des relations sociales que Georg Simmel a décrit comme le prix à payer pour l'accroissement des libertés négatives sur la base de la multiplication des relations économiques d'échange.

Cependant, tout aussi problématique que l'équivalence posée par son texte entre la dépersonnalisation et la réification, il y a une autre tendance à l'œuvre dans le système catégorial de Lukács : la tendance à poser l'existence d'une sorte d'unité nécessaire des différentes dimensions de la réification. Autant le philosophe s'efforce de concevoir distinctement les trois aspects qui ont été mentionnés, c'est-à-dire de différencier la réification des autres personnes, celle des objets et celle de soi-même, autant il paraît naturellement supposer que chacune de ces formes entraîne nécessairement l'existence des deux autres. Pour lui, la question des interactions réciproques qui peuvent exister entre elles n'est pas une question empirique, mais le résultat d'une nécessité conceptuelle. À l'encontre de cette position, notre analyse a montré, au moins de façon indirecte, qu'il n'existait aucune connexion nécessaire entre ces différents aspects de la réification. Une telle connexion existe certes lorsqu'il s'agit de la réification du monde objectif, qui doit être conçue comme un dérivé de l'oubli de la reconnaissance visant les autres hommes (voir *supra* pp. 89-91), mais la réification intersubjective et l'autoréification ne s'impliquent pas nécessairement l'une l'autre. Savoir si et dans quelle mesure la réification des autres hommes entraîne une forme déterminée d'autoréification ou encore, à l'inverse, si et dans quelle mesure l'autoréification accompagne toujours la réification des autres personnes, c'est une question du plus haut intérêt, mais à laquelle on ne peut répondre d'emblée. Quoi qu'il en soit, des analyses supplémentaires sont nécessaires pour poser de telles relations d'implication.

Un troisième problème propre à l'étiologie sociale de Lukács concerne non pas ses décisions préalables d'ordre catégorial, mais ses décisions d'ordre empirique ou thématique. À la suite de Marx, et en conformité avec la thèse du rapport entre infrastructure et superstructure, Lukács considère que la sphère économique possède une telle capacité à forger la culture qu'on peut sans difficulté en induire que les phénomènes économiques exercent des effets directs sur le reste de la société. C'est donc pour lui une évidence que ces phénomènes de réification, qu'il avait conçus originairement et de manière appropriée pour le domaine de l'échange marchand capitaliste, pénètrent toutes les sphères de la vie sociale. Certes, l'explication de cette tendance totalisante consiste explicitement dans l'affirmation selon laquelle l'ensemble de la société a été « investie par le capitalisme ». Mais, que ce soit à propos de la famille, de l'espace public politique, des relations entre les parents et les enfants, de la culture des loisirs, Lukács n'esquisse pas même un raisonnement qui montrerait qu'une telle « colonisation » provient effectivement des principes du marché capitaliste. C'est pourquoi il reste toujours quelque chose d'arbitraire dans son idée d'une totalisation de la réification fondée économiquement — laquelle est d'ailleurs problématique parce qu'elle repose sur l'identification de cette réification avec les processus de dépersonnalisation.

Le privilège que Lukács accorde à la sphère économique peut se rattacher finalement à un quatrième problème, de nature plutôt thématique là aussi, qui apparaît dans l'explication sociologique que Lukács donne de la réification. En lisant le texte de son essai aujourd'hui, avec un recul de quatre-vingts ans, on doit constater avec étonnement, et même avec stupeur, que Lukács ne discute les phénomènes de réification qu'en les rapprochant de façon très étroite des processus d'échange. Tout ce qui, depuis cette époque, témoigne beaucoup plus fortement d'une conduite réifiante, à savoir les formes de déshumanisation bestiale propres au racisme ou au trafic des êtres humains[3], il ne le thématise même pas de façon marginale. Cette ignorance d'une classe entière de phénomènes de réification n'est pas due au hasard, comme si Lukács avait porté une attention insuffisante à ces phénomènes ou comme s'il n'avait pas pu les observer. Elle est plutôt due à un aveuglement systématique qui s'explique par le préjugé selon lequel les contraintes économiques peuvent seules, en dernier ressort, conduire à la dénégation des caractéristiques propres à l'homme. Lukács ne voulait rien savoir de l'influence des convictions idéologiques qui déshumanisent des groupes entiers, les réduisant à de simple choses. Unilatéralement focalisé sur les effets de l'échange capitaliste sur les conduites, il n'a pu parvenir à comprendre les autres sources sociales de la réification.

Ces quatre problèmes suffiraient aujourd'hui à nous inciter à abandonner le cadre sociologique explicatif de l'analyse lukácsienne de la réification. Certes, Lukács, à très juste titre, entendait attirer l'attention sur les effets de réification que peut impliquer l'expansion institutionnelle de l'échange marchand capitaliste ; il voulait avant tout montrer que l'oubli de notre participation engagée et de notre reconnaissance préalable des autres hommes est le prix à acquitter dès lors que nous les traitons pratiquement et les considérons comme des biens marchands. Mais son approche est, aussi bien conceptuellement que thématiquement, trop orientée en fonction de l'identité postulée entre échange marchand et réification pour qu'elle puisse nous procurer la fondation théorique d'une analyse à la fois globale et différenciée.

(2) J'ai indiqué les premières étapes qui seraient nécessaires à l'édification sur une tout autre base de l'étiologie sociale de la réification. Si le noyau de toute réification consiste en un « oubli de la reconnaissance », ses causes sociales doivent être

recherchées dans des pratiques ou dans des mécanismes qui rendent possible et renforcent systématiquement cet oubli. Se pose alors un nouveau problème : la réification d'autres hommes et l'autoréification ne se produisant pas forcément ensemble, des causes entièrement différentes les unes des autres peuvent expliquer ces deux phénomènes. Bien qu'il s'agisse toujours, dans ces deux formes, d'oubli de la reconnaissance, leur caractère respectif est tellement différent qu'elles se distinguent vraisemblablement de façon très nette quant à l'origine sociale et quant à la manière dont elles dérivent de cette origine. En cherchant à caractériser plus exactement les causes possibles de la manifestation sociale de ces phénomènes, je distinguerai donc les deux types de réification.

Comme je l'ai montré (voir *supra* le chapitre IV), à l'égard d'autres personnes (ou de groupes de personnes), les êtres humains ne peuvent adopter une attitude réifiante que s'ils ont perdu de vue leur reconnaissance préalable. Deux causes peuvent l'expliquer : ou bien ils participent à une pratique sociale dans laquelle la simple observation d'autrui devient une fin en elle-même, à tel point que toute conscience d'une relation sociale préalable est effacée, ou bien ils se laissent conduire dans leurs activités par un système de convictions qui les contraint à dénier cette reconnaissance originelle. Dans les deux cas, quelque chose qui était préalablement présent de façon intuitive se trouve ensuite désappris. Mais ce n'est que dans le premier cas que l'exercice d'une certaine pratique explique cette situation, tandis que, dans le second cas, elle est la conséquence de l'adoption d'une vision du monde spécifique ou d'une idéologie. Ainsi, eu égard au second cas, on peut dire également que la réification est ici le dérivé, sous la forme d'un *habitus*, d'un système de convictions réifiant. La force de la dénégation est le fruit d'une idéologie spécifique, elle ne résulte pas de l'exercice d'une pratique déterminée.

Ce n'est que le premier cas — l'avènement d'une posture réifiante par l'exercice d'une pratique unilatérale — que Lukács a en vue quand il décrit l'échange marchand capitaliste comme l'unique cause sociale de toutes les formes de réification. De cette manière, il n'a pas, à vrai dire, seulement laissé dans l'ombre la différence déjà évoquée entre la dépersonnalisation et la réification ; il a aussi ignoré le fait que, dans l'échange économique, le statut juridique des deux participants les protège l'un et l'autre contre la posture simplement réifiante. Car tant que quelqu'un peut être considéré au point de vue d'une maximisation de l'utilité individuelle, son engagement juridique par le contrat qui fixe l'échange lui garantit que ses qualités individuelles seront considérées d'une manière qui peut certes être seulement minimale, mais qui implique un certain nombre de contraintes réelles[4]. Parce qu'il tient l'institution du droit moderne elle-même pour un surgeon des tendances à la réification propre au système économique capitaliste, Lukács ne peut pas mesurer correctement la fonction protectrice du droit, dans laquelle il faut voir en fin de compte une traduction déficiente, mais d'autant plus efficace, de la reconnaissance préalable[5]. D'ailleurs, cette situation rend attentif par contraste au fait que la possibilité d'une attitude simplement réifiante croît toujours dans la mesure où une pratique « observatrice » n'est plus liée aux garanties de reconnaissance minimales qu'apporte le droit. Partout où s'autonomisent des pratiques qui consistent à simplement observer les hommes, à enregistrer froidement leur existence, à les considérer comme des facteurs indépendamment du contexte du monde vécu auquel ils appartiennent, et cela sans qu'ils soient insérés au sein de rapports juridiques, se développe une ignorance de la reconnaissance préalable que nous avons décrite comme le noyau de toute réification intersubjective. Le spectre des évolutions sociales qui reflètent aujourd'hui de telles tendances à la réification va s'élargissant — depuis tout ce qui a progressivement vidé de sa substance juridique le contrat de travail[6] jusqu'au développement de la pratique consistant à regarder le potentiel des dons individuels de l'enfant comme un objet de recherche génétique et de manipulation[7]. Dans ces deux cas, nous sommes menacés de voir s'effondrer les barrières institutionnalisées qui avaient jusqu'à présent empêché que se développe une dénégation de l'expérience première de la reconnaissance.

Dans le cas où des systèmes de convictions conduisent sans ambiguïtés à la définition de types réifiés de groupes de personnes, il est plus difficile qu'il n'y paraît de prime abord de définir la relation qui existe entre la pratique sociale et la réification intersubjective. Assurément il suffit, dans ces circonstances, que le sujet adopte de telles idéologies pour en arriver à dénier la reconnaissance préalable. Nous devrions alors nous représenter ce phénomène social de la manière suivante : sous l'effet de typifications réifiantes (concernant les femmes, les juifs, etc.), on refuse, dans un second temps, aux groupes de personnes dont il est question ces qualités personnelles qui, de manière tout à fait évidente, leur avait été attribuées du fait de l'antériorité sociale de la reconnaissance. Et, dans les faits, c'est ce modèle que l'on retrouve dans une série de tentatives d'explication sociologique du racisme ou de la représentation des femmes dans la pornographie. Cependant, quelque chose demeure obscur dans un tel raisonnement : qu'est-ce qui explique qu'une simple construction mentale ou encore un système de description possède le pouvoir d'ébranler après coup une donnée familière qui, du coup, ne subsiste plus que sous une forme socialement fragmentée ? En tout cas, comme Jean-Paul Sartre l'avait montré dans ses *Réflexions sur la question juive*, il est difficile de se représenter que les êtres humains puissent être conduits par des voies purement intellectuelles à dénier avec acharnement les qualités personnelles des membres d'autres groupes sociaux[8]. Pour cette raison, il est probablement raisonnable de tenir compte dans ce cas aussi de l'élément pratique dans l'explication du phénomène et de supposer que doivent être à l'œuvre des rapports réciproques entre une pratique devenue unilatérale et un système de convictions idéologique. La pratique sociale qui consiste à simplement observer de façon distanciée et à saisir de manière instrumentale d'autres personnes se renforce dans la mesure où elle trouve cognitivement un soutien grâce aux typifications réifiantes, de même que ces descriptions typifiantes bénéficient d'un apport en motivations du fait qu'elles offrent à une pratique devenue unilatérale des cadres interprétatifs qui lui conviennent. De cette manière, un système de comportement se constitue qui permet que soient traités comme des « choses » les membres de groupes de personnes déterminés, parce que la reconnaissance préalable dont ils bénéficiaient leur est désormais déniée.

(3) Ne serait-ce que par sa structure, l'oubli de la reconnaissance qui concerne les autres personnes diffère de celui qui préside à la réification de son propre soi. On ne saurait donc aucunement affirmer qu'il existe une seule et même cause sociale pour les deux formes de réification. Sans doute pouvons-nous supposer, aussi bien pour ce qui concerne la réification intersubjective que l'autoréification, qu'elles ne sont visées directement par le sujet que de manière exceptionnelle et donc qu'elles adviennent plutôt anonymement du fait de la participation à des pratiques déterminées. Mais, de nouveau, cela ne signifie pas, comme Lukács l'a présupposé, que ce sont, dans les deux cas, les mêmes pratiques qui conduisent à l'attitude réifiante. Comment alors peut-on concevoir ces pratiques sociales qui ont la propriété

d'engendrer une posture d'autoréification ? La réponse est délicate, mais je voudrais pour conclure au moins indiquer la direction dans laquelle il faut s'orienter.

J'ai voulu montrer que le rapport à soi individuel présuppose lui aussi une espèce particulière de reconnaissance préalable : ce rapport exige en effet du sujet qu'il comprenne ses désirs et ses buts comme une partie de son soi qui demande à être articulée. Une tendance à l'autoréification me paraît toujours devoir surgir quand le sujet commence à oublier (une nouvelle fois) cette auto-affirmation antérieure, dans la mesure où il ne saisit plus ce qu'il éprouve psychiquement que comme un ensemble d'objets à observer ou à produire. Il est donc bien évident qu'il faut chercher les causes de ces attitudes autoréifiantes dans les pratiques sociales qui, dans le sens le plus large, sont liées à l'autoprésentation des sujets. Bien sûr, on pourrait dire que toute action sociale exige que l'agent prenne position par rapport à ses propres désirs et à ses propres buts. Mais on peut néanmoins isoler un champ institutionnalisé de pratiques qui sont aujourd'hui fonctionnellement dédiées à la présentation de soi-même : les entretiens d'embauche, les services du type du *coaching*, les rendez-vous organisés (*dating*) sont les premiers exemples qui viennent à l'esprit. Le caractère de telles institutions, qui demandent aux individus de se présenter eux-mêmes de façon publique, peut varier dans une large mesure ; le spectre peut s'étendre des institutions qui font encore une place à l'auto-exploration expérimentale jusqu'aux dispositifs institutionnels qui obligent ceux qui s'y soumettent à simuler la recherche de certains buts. Mon sentiment est que la tendance à l'autoréification croît à mesure que les sujets sont soumis à ces institutions de l'autoprésentation. Tous les dispositifs institutionnels qui contraignent de manière latente les individus à prétendre qu'ils éprouvent certains sentiments ou qui les contraignent à fixer leurs sentiments de manière artificielle développent une disposition à l'adoption d'attitudes autoréifiantes.

L'entretien d'embauche et la recherche d'un partenaire amoureux sur Internet peuvent figurer ici à titre d'exemples de l'évolution que nous venons de décrire. Autrefois, les entretiens d'embauche avaient d'abord pour fonction de chercher à savoir si un candidat convenait à un emploi donné, et l'on s'aidait pour le vérifier de documents écrits ou de tests. D'après ce que nous apprend la sociologie du travail, l'entretien d'embauche a désormais souvent pris un caractère bien différent : y occupe une place grandissante le discours de quelqu'un qui a quelque chose à vendre, ce qui exige du candidat qu'il mette en scène son futur engagement dans l'entreprise de manière aussi convaincante et dramatique que possible, au lieu de se contenter de parler des qualifications qu'il a déjà acquises[9]. Ce déplacement de l'objet de l'attention du passé vers l'avenir contraint, selon toute vraisemblance, les personnes concernées à adopter une perspective où elles apprennent à concevoir les attitudes et les sentiments qui se rapportent au travail comme des éléments qu'elle auront plus tard à produire à la manière d'« objets ». Et plus un sujet sera exposé à ces demandes de mise en scène de soi-même, plus il développera la tendance à éprouver tous ses désirs et tous les buts selon le modèle des choses manipulables à merci. Dans l'autre direction que peut emprunter l'autoréification — celle dans laquelle les sentiments sont simplement observés de façon passive et enregistrés —, des pratiques se développent aujourd'hui du fait de l'usage d'Internet pour la recherche d'une ou d'un partenaire amoureux. Ici, la forme de prise de contact standardisée contraint d'abord l'usager d'Internet à décrire ses caractéristiques selon les rubriques prédéterminées où les réponses sont évaluées d'avance. Quand deux personnes ont des caractéristiques qui se recoupent suffisamment, formant par là un couple choisi électroniquement, chacun est invité par un *e-mail* anonyme à informer l'autre de ses sentiments pour la ou le partenaire potentiel. Nul besoin d'une imagination galopante pour comprendre comment ce procédé conduit à une forme de rapport à soi dans lequel les désirs et les buts ne sont plus articulés à la lumière de ce qu'apporte une rencontre personnelle : ils ne sont plus évalués et mis sur le marché qu'au regard des critères du traitement accéléré de l'information[10].

Ces exemples ne sont pas des pronostics : ils éclairent plutôt les voies par lesquelles les pratiques sociales peuvent induire la formation d'attitudes réifiantes. Ces réflexions ne sont aucunement des affirmations empiriques qui nous permettraient d'expliquer l'avènement concret des processus de réification; elles décrivent la logique des transformations possibles, mais pas une évolution factuelle. Néanmoins, de ces remarques conclusives j'entends essayer de tirer une conséquence, qui concerne la visée globale de mon essai. Pendant les trois dernières décennies, la critique sociale s'est, pour l'essentiel, bornée à mesurer la valeur normative des sociétés en cherchant à savoir si elles se conformaient à certains principes de justice. Remportant des succès dans la justification de tels principes, capable de présenter de manière différenciée les idées sous-jacentes à une telle approche, elle a en même temps manqué le fait que les sociétés peuvent échouer sur un plan normatif d'une autre façon qu'en violant des principes de justice universellement valables. Pour ce type de défaillances, que l'on peut encore pertinemment subsumer sous le concept de « pathologies sociales[11] », la critique sociale ne manque pas seulement d'attention théorique, mais aussi de critères plausibles. L'explication d'une telle insuffisance ne réside pas dans le fait que les sociétés démocratiques évaluent primordialement leur ordre social et politique en fonction de critères relevant de la justice. Car la délibération dans l'espace public démocratique se heurte sans arrêt à des thèmes et à des défis qui la confrontent à la question de savoir si certaines évolutions sociales peuvent être, de façon générale, considérées comme désirables, au-delà de toute évaluation exprimée en termes de justice. En répondant à ces défis, que l'on qualifie souvent d'« éthiques », une critique sociale d'inspiration philosophique ne peut naturellement réclamer une sacro-sainte supériorité interprétative. Mais avec des références, appuyées sur une ontologie sociale, à la logique des transformations possibles, elle peut contribuer, à l'aide de bons arguments, à enrichir la discussion au sein de l'espace public et par là à la stimuler. Ma tentative de reformuler le concept de réification issu de Lukács du point de vue d'une théorie de la reconnaissance s'inspire de cette ambition. Elle n'a pas été entreprise sans que soit présente à mon esprit une certaine inquiétude : celle de voir nos sociétés prendre le chemin que Lukács, en utilisant des moyens insuffisants et en généralisant à l'excès, a entrevu il y a quatre-vingts ans.

APPENDICES

Notes

INTRODUCTION

1. Georg Lukács, *Geschichte und Klassenbewußtsein* in *Werke*, vol. 2 (*Frühschriften II*), Neuwied et Berlin, p. 161-518. Trad. fr. de K. Axelos et J. Bois, *Histoire et conscience de classe*, Paris, Minuit, 1960.

2. *Ibid.*, p. 257-397 de l'édition allemande; p. 109-256 de la traduction française.

3. Cf. Martin Jay, « Georg Lukács and the Origins of the Western Marxist Paradigma » *in* Martin Jay, *Marxism and Totality. The Adventures of a Concept from Lukács to Habermas.* Cambridge, Harvard University Press, 1984, ch. 2; Andrew Arato, Paul Breines, *The Young Lukács and the Origins of Western Marxism*, New York, Seabury Press, 1979.

4. Voir le recueil exemplaire de Furio Cerutti, *et al.*, *Geschichte und Klassenbewußtsein heute. Diskussion und Dokumentation*, Amsterdam, de Munter, 1971 (« Schwarze Reihe », 12); Jutta Matzner (dir.), *Lehrstück Lukács*, Francfort, Suhrkamp, 1974.

5. Raymond Carver, *Tais-toi, je t'en prie*, Paris, Le Livre de Poche, 2005; Harold Brodkey, « Innocence » in *Stories in an Almost Classical Mode*, New York, Vintage, 1989; Michel Houellebecq, *Extension du domaine de la lutte*, Paris, J'ai Lu, 1999; Elfriede Jelinek, *La Pianiste*, Paris, Point-Seuil, 2002; Silke Scheuermann, *Reiche*

Mädchen. Erzählungen, Francfort, Schöffling und Co., 2005. Dans toutes ces œuvres littéraires, l'évocation des réifications se rattache à l'observation des phénomènes d'aliénation. Rahel Jaeggi a proposé une excellente reconstruction du concept d'« aliénation », lui aussi issu de la tradition marxiste. Voir *Entfremdung. Zur Aktualität eines sozialphilosophischen Problems*, Francfort, Campus, 2005.

6. L'étude d'Arlie Russel Hochschild est devenue un classique dans ce domaine : *The Managed Heart. The Commercialization of Human Feeling*. Berkeley, University of California Press, 2003.

7. *Ibid.*, p. 275 ; trad. fr., p. 129.

8. Martha Nussbaum, « Objectification » in *Sex and Social Justice*, Oxford/New York, Oxford University Press, 2000, chap. 8.

9. Elizabeth Anderson, *Value in Ethics and Economics*, Cambridge/Mass., Harvard University Press, 1993. Voir en particulier les chapitres 7 et 8.

10. Stephan Wilkinson, *Bodies for Sale : Ethics and Exploitation in the Human Body Trade*, Londres, Routledge, 2003. Voir aussi l'article de synthèse de Rahel Jaeggi « Der Markt und sein Preis », *Deutsche Zeitschrift für Philosophie*, 47/1999, vol. 6, p. 987-1004.

11. C'est cette direction qu'emprunte Andreas Kuhlmann dans son article : « Menschen im Begabungstest. Mutmaßungen über Hirnforschung als soziale Praxis », *WestEnd. Neue Zeitschrift für Sozialforschung*, 1/2004, vol. 1, 143-153.

12. C'est en direction de cette forme de critique « plus profonde », ici décrite comme relevant de l'« ontologie sociale », que semble s'orienter Charles Taylor dans son essai « Explanation and Practical Reason ». In *Philosophical Arguments*, Cambridge, Harvard University Press, 1995, p. 34-60. Pour un résumé de la problématique, voir mon essai, « Pathologien des Sozialen » in *Das Andere der Gerechtigkeit. Aufsätze zur praktishen Philoso-*

phie, Francfort, Suhrkamp, p. 11-69. La seule tentative récente de réhabilitation du concept de réification au point de vue de l'ontologie sociale est celle, d'inspiration analytique, de Christoph Demmerling. Voir *Sprache und Verdinglichung. Wittgenstein, Adorno und das Projekt der kritischen Theorie*, Francfort, Suhrkamp, 1994.

13. Axel Honneth, « Eine soziale Pathologie der Vernunft. Zur intellektuellen Erbschaft der Kritischen Theorie », *in* Christoph Halbig/Michael Quante (dir.), *Axel Honneth. Sozialphilosophie zwischen Kritik und Anerkennung*. Münster, LIT, 2004, p. 9-32.

1. LA RÉIFICATION CHEZ LUKÁCS

1. *Op. cit.*, p. 257 ; trad. fr., p. 111. Sur le concept de réification chez Lukács, voir l'étude globale de Rüdiger Dannemann : *Das Prinzip Verdinglichung, Studie zur Philosophie Georg Lukács*. Francfort, Sendler, 1987.

2. Karl Marx, *Le Capital*, liv. I, Paris, PUF, « Quadrige », p. 81-95. Pour la connexion existant entre l'analyse du fétichisme et la critique de la réification dans la critique marxienne de l'économie politique, voir Georg Lohmann, *Indifferenz und Gesellschaft. Eine kritische Auseinandersetzung mit Marx*, Francfort, Suhrkamp, 1991, en particulier le chapitre V.

3. *Op. cit.*, p. 270 ; trad. fr., p. 124.

4. *Op. cit.*, p. 276 ; trad. fr., p. 128-129.

5. *Op. cit.*, p. 260 ; trad. fr., p. 113.

6. *Op. cit.*, p. 265 ; trad. fr. (modifiée), p. 118.

7. *Op. cit.*, p. 264 ; trad. fr. (modifiée), p. 117.

8. M. Nussbaum, *op. cit.*, p. 219-223.

9. Sur ces difficultés, voir A. Honneth, « Pathologien des Sozialen » in *Das Andere der Gerechtigkeit*, p. 11-69 et, plus particulièrement, p. 54 et suivantes.

10. *Ibid.*, p. 272 ; trad. fr. (modifiée), p. 126.

11. *Ibid.*, p. 275 ; trad. fr., p. 129.

12. *Ibid.*, p. 304 ; trad. fr., p. 160.
13. *Ibid.*, p. 308 ; trad. fr., p. 164.
14. *Ibid.*, p. 301, 309 ; trad. fr., p. 157, 165.
15. Fred Neuhouser, *Fichte's Theory of Subjectivity*, Cambridge, Cambridge University Press, 1990. Sur la dépendance de Lukács par rapport à la notion fichtéenne de l'activité comme autoproduction, voir Michäel Löwy, *Pour une sociologie des intellectuels révolutionnaires. L'évolution politique de Lukács. 1909-1929*, Paris, PUF, 1976, chap. 2.
16. Jürgen Habermas, *Théorie de l'agir communicationnel*, Paris, Fayard, 1987, t. 1, chap. 4.
17. Telle est la stratégie que Habermas poursuit avec sa reprise de la critique de la réification. Voir *Théorie de l'agir communicationnel*, t. 2, chap. 6 et 8.

2. DE LUKÁCS À HEIDEGGER ET À DEWEY

1. Je me réfère ici à Heidegger, *Sein und Zeit* (1927), Tübingen, Niemeyer, 1967 ; trad. fr. de F. Vézin, *Être et temps*, Paris, Gallimard, 1986. Ainsi qu'à John Dewey, « Qualitative Thought » (1930), in *Later Works*, vol. 5, 243-262 ; et « Affective Thought » (1926) in *Later Works*, vol. 2, 104-110.
2. Stanley Cavell, « Knowing and Acknowledging » in *Must we mean what we say ?*, Cambridge, Cambridge University Press, 1976, p. 238-266.
3. L. Goldmann, *Lukács et Heidegger*, Paris, Denoël-Gontier, 1973. Goldmann discute les deux occurrences du terme « réification » dans *Être et temps* (*op. cit.* p. 46 et 437 ; trad. fr. (modifiée), p. 78 et 505) et où Heidegger se réfère probablement au texte fameux de Lukács. Voir *Lukács et Heidegger*, p. 91 et suivantes.
4. Heidegger, *Grundbegriffe der aristotelischen Philosophie* in *Gesamtausgabe*, Francfort, Klostermann, 2e partie, t. 18, Klostermann, 2002.

5. *Op. cit.*, p. 287-331 ; trad. fr., p. 142-188.

6. Heidegger, *Sein und Zeit*, p. 191 et suivantes (§ 41) ; trad. fr., p. 240 et suivantes; *Grundbegriffe der aristotelischen Philosophie*, p. 55 et suivantes.

7. *Op. cit.*, p. 366; trad. fr., p. 224.

8. Sur le schéma de la présence subsistante chez Heidegger, voir *Sein und Zeit*, p. 55 et suivantes; trad. fr, p. 86 et suivantes. On trouve une élucidation utile de l'opposition entre « être-à-portée-de-la-main » (*Zuhandenheit*) et « présence subsistante » (*Vorhandenheit*) selon Heidegger [*N.d.T.* : traductions modifiées par rapport à celles de F. Vézin qui retient respectivement « être-là-devant » et « utilisabilité »] chez Hubert L. Dreyfus : *Being in the World. A Commentary on Heidegger's* Being and Time, *Division I.* Cambridge, Harvard University Press, 1991, chap. 4.

9. À propos de l'idée de la « perspective du participant » voir la contribution exemplaire de Jürgen Habermas : « Qu'est-ce que la pragmatique universelle ? » in *Logique des sciences sociales et autres essais*, Paris, PUF, 1987, p. 329-412; voir aussi D. Dennett, *La stratégie de l'interprète*, Paris, Gallimard, 1990.

10. Sur le plan ontologique de son analytique du *Dasein*, Heidegger évite aussi bien le concept d'« objet » que celui de « chose ». Il leur préfère le concept d'« outil » à titre de catégorie complétant celle de l'« à-portée-de-la-main ». Voir *Sein und Zeit*, p. 68; trad. fr., p. 103 et suivantes.

11. H. Dreyfus (*op. cit.*, chap. 14) a également insisté sur cette disposition positive du « souci » qui va au-delà de la signification instrumentale.

12. « Affective Thought » *in* John Dewey, *The Later Works*, Carbondale and Edwardsville, 1984, p. 104-110; « Qualitative Thought » in *The Later Works*, vol. 5, p. 243-252.

13. Voir l'introduction de John Dewey à son essai « Affective Thought », p. 104.

14. John Dewey, *The Quest for Certainty*, New York, Capricorn Books, 1960.

15. John Dewey, « Qualitative Thought », p. 245-246.

16. Voir John Dewey, *Experience and Nature*, New York, Dover, 1958, chap. 5.

17. D'après cette interprétation, le « souci » selon Heidegger contient toujours un élément de décentrement dans la mesure où il s'agit d'une considération de la prétention interne de l'objet. Voir, pour une interprétation opposée, E. Tugendhat, « Schwerigkeiten in Heideggers Umweltanalyse » in *Aufsätze. 1992-2000*, Francfort, Suhrkamp, 2000.

18. John Dewey, « Qualitative Thought », p. 253.

19. *Id.*

20. *Id.*

21. *Id.*

3. LE PRIMAT DE LA RECONNAISSANCE

1. Voir, dans cette perspective, J. Habermas, « L'individualisation par la socialisation. La théorie de la subjectivité » in *La pensée postmétaphysique*, Paris, Armand Colin, 1993, p. 187-242.

2. Voir M. Cavell, *The Psychoanalytic Mind. From Freud to Philosophy*, Cambridge, Harvard University Press, 1996.

3. Dans ce qui suit, je m'appuie surtout sur les ouvrages suivants : Michael Tomasello, *The Cultural Origins of Human Cognition*, Havard University Press, 2001. Peter Hobson, *The Craddle of Thought*, Oxford University Press, 2002 ; Martin Dornes, « Die emotionalen Ursprünge des Denkens », in *WestEnd, Neue Zeitschrift für Sozialforschung*, 2005, vol. 2, p. 3-48.

4. M. Tomasello, *op. cit.*, p. 61 et suivantes.

5. A. Honneth, *La lutte pour la reconnaissance*, Paris, Le Cerf, 2000, p. 103.

6. Voir, dans ce sens, Peter Hobson, *Autism and the*

Development of Mind, Hove/Hillsdale, Psychology Press, 1993 ; Michael Tomasello, *The Cultural Origins of Human Cognition*, p. 78 et suivantes. L'article cité de M. Dornes donne une excellente vue d'ensemble de cette littérature : « Die emotionale Ursprünge des Denkens », p. 23 et suivantes.

7. M. Dornes, *op. cit.* p. 26.

8. T. Adorno, *Minima Moralia*, Paris, Payot, 1991, p. 146 (Aphorisme 99).

9. *Op. cit.*, p. 136 ; trad. fr., p. 180.

10. J. Dewey, « Qualitative Thought », *op. cit.*, p. 261.

11. Stanley Cavell, « Knowing and Acknowledging », *op. cit.* Sur la théorie de l'intersubjectivité chez Cavell, voir Espen Hammer, *Stanley Cavell. Skepticism, Subjectivity and the Ordinary*, Cambridge, Harvard University Press, 2002, chap. 3.

12. *Op. cit.*, p. 261.

13. J.-P. Sartre, *L'être et le néant*, Paris, Gallimard, « Tel », 1995, p. 267-277. Voir A. Honneth, « Erkennen und Anerkennen. Zu Sartres Theorie der Intersubjektivität » *in* A. Honneth, *Unsichtbarkeit. Stationen einer Theorie der Intersubjektivität*, Francfort, Suhrkamp, 2003, p. 71-105.

14. *Op. cit.*, p. 263. C'est Cavell lui-même qui souligne.

15. *Id.*

16. Voir aussi à ce propos l'analyse fascinante que Cavell fait du *Roi Lear* dans son essai « The Avoidance of Love : A Reading of *King Lear* », in *Must we mean what we say ?*, p. 267-356.

17. *Op. cit.*, p. 298 et suivantes.

18. *Op. cit.*, p. 263.

19. Il s'agit donc là d'une forme plus élémentaire de reconnaissance que celle dont il était question dans mes travaux antérieurs. Voir le texte « Unsichtbarkeit. Über die moralische Epistemologie von Anerkennung » in *Unsichtbarkeit. Stationen einer Theorie der Intersubjektivität*, Francfort, Suhrkamp, 2003, p. 10-27.

Désormais, je soutiens que cette modalité « existentielle » de la reconnaissance se situe au principe des autres formes plus substantielles de celle-ci, dans lesquelles se joue une acceptation des propriétés ou des capacités déterminées des autres personnes.

4. LA RÉIFICATION COMME OUBLI DE LA RECONNAISSANCE

1. Voir G. Lohmann, *Indifferenz und Gesellschaft. Eine kritische Auseinandersetzung mit Marx*, Francfort, Suhrkamp, p. 17.
2. *Op. cit.*, p. 25 ; trad. fr., p. 399-400.
3. *Être et temps*, § 33 et § 44.
4. J. Habermas, *Théorie de l'agir communicationnel*, Paris, Fayard, 1987, t. 2, chap. 8, sec. 1 et 2.
5. En dernier ressort, ce problème est lié à la distinction habermassienne entre le « système » et le « monde vécu », distinction dans laquelle le point de vue normatif et le point de vue fonctionnel sont imperceptiblement noués. Voir à ce propos mon analyse dans A. Honneth, *Kritik der Macht*, Francfort, Suhrkamp, 1989, chap. 9.
6. J. Dewey, « Qualitative Thought », p. 261 ; « Affirmative Thought », p. 104.
7. S. Cavell, « Knowing and Acknowledging », *op. cit.*, p. 259.
8. Voir ainsi T. Adorno, *Minima Moralia*, Paris, Payot, Aphorisme 79 ; *Dialectique négative*, Paris, Payot, 1992, p. 179 et suivantes. À la différence de M. Seel (voir *Adornos Philosophie der Kontemplation*, Francfort, Suhrkamp, 2004), je pense que l'idée d'une « connaissance par reconnaissance » (*op. cit.*, p. 32) chez Adorno ne peut s'expliquer qu'en connexion avec ses réflexions psychanalytiques sur le « fondement pulsionnel » de toute connaissance.

9. Voir M. Seel, « Anerkennende Erkenntnis. Eine normative Theorie des Gebrauchs von Begriffen », in *Adornos Philosophie der Kontemplation*, p. 42-63. Comme je l'ai déjà mentionné (voir note précédente), mon interprétation ne se distingue de celle de Seel qu'en ce qu'elle admet que la théorie de la connaissance normative d'Adorno peut s'expliquer par ses réflexions sur le rôle des investissements libidinaux dans les opérations de la connaissance.

10. W. James, « D'un certain aveuglement de la nature humaine », in *Aux étudiants, aux enseignants*, Paris, Payot, 2000, p. 185-211.

5. L'AUTORÉIFICATION : LES CONTOURS DU PHÉNOMÈNE

1. Cette différence est assurément celle-là même que la distinction classique entre « expliquer » et « comprendre » a permis de maintenir dans la théorie. Voir les analyses exemplaires de K. O. Apel : *Expliquer et comprendre*, Paris, Cerf, 2002.

2. Voir W. James, *op. cit.*, p. 185-211. Sur la diversité des significations existentielles et psychiques que les objets peuvent revêtir pour les humains, on se reportera à la fascinante étude de Tilmann Habermas, *Geliebte Objekte. Symbole und Instrumente der Identitätsbildung*, Francfort, Suhrkamp, 1999. Le fait de nier cette diversité de significations propre au monde environnant est précisément ce que j'appelle ici la « réification » de la Nature ou du monde objectif.

3. *Op. cit*, p. 275 ; trad. fr., p. 129.

4. Voir *Minima Moralia*, p. 213-215.

5. *Ibid.*, p. 215.

6. Voir D. Winnicott, *Jeu et réalité*, Paris, Gallimard, 1975. Et A. Honneth, *La lutte pour la reconnaissance*, p. 120-130.

7. Voir, à ce sujet, A. Honneth, « Dezentrierte Autonomie. Moralphilosophische Konsequenzen aus der Subjektkritik » in *Das Andere der Gerechtigkeit. Aufsätze zur praktischen Philosophie*, Francfort, Suhrkamp, p. 237-254.

8. Aristote, *Éthique à Nicomaque*, Paris, GF Flammarion, 2004, p. 475-481.

9. Peter Bieri, *Das Handwerk der Freiheit*, Munich/Vienne, 2001, chap. 10.

10. D. Finkelstein, *Expression and the Inner*, Cambridge, Harvard University Press, 2003, chap. 1.

11. J. Searle, *La redécouverte de l'esprit*, Paris, Gallimard, 1995, chap. 4.

12. Le roman récent de Pascal Mercier (Peter Bieri) est une vraie mine pour qui recherche des objections contre le modèle cognitiviste de la relation à soi. Voir *Nachtzug nach Lissabon*, Munich/Vienne, 2004.

13. *Op. cit.*, chap. 2.

14. Voir, par exemple le texte exemplaire de Hermann Schmitz, « Gefühle als Atmosphären und das affektive Betroffensein von ihnen » *in* Hinrich Fink-Eitel et Georg Lohmann (dir.), *Zur Philosophie der Gefühle*, Francfort, 1993, p. 33-56.

15. Voir A. Lorenzer, *Sprachzerströrung und Rekonstruktion*, Francfort, Suhrkamp, 1970.

16. C'est encore à D. Finkelstein que j'emprunte l'idée d'une « troisième voie ». Cf. *Expression and the Inner*, p. 58 et suivantes.

17. Voir M. Foucault, *Le souci de soi*, Paris, Gallimard, 1984.

18. À quel point cette capacité à l'affirmation de soi dépend de la reconnaissance que m'accorde autrui, c'est ce qui ressort bien de l'étude récente d'E. Tugendhat : *Egozentrizität und Mystik. Eine anthropologische Studie*, Munich, 2003, chap. 2.

19. *Les raisons de l'amour*, Belval, Circé, 2006, chap. 3.

20. Sur le premier type, voir Judith Hermann, *Maison d'été, plus tard*, Paris, Albin Michel, 2001. Sur le

second, voir Kathrin Röggla, *Wir schlafen nicht*, Francfort, 2004.

21. Jonathan Lear, « The Shrink is in » in *Psyche*, t. 7, 1996, p. 599-618.

6. LES SOURCES SOCIALES DE LA RÉIFICATION

1. G. Simmel, *Philosophie de l'argent*, Paris, PUF, 1987, en particulier le chapitre 4.

2. *Op. cit.*, p. 366-367.

3. Voir à ce propos les analyses pénétrantes d'A. Margalit, *La société décente*, Paris, Climats, 1999, 2e partie, chap. 6.

4. Kant fonde sa défense du contrat de mariage sur cette considération. On peut donc dire qu'il comprenait ce contrat comme un moyen de défense contre le danger de la réification réciproque inhérent à la relation sexuelle. Sur les forces et les faiblesses de cette construction, voir Barbara Herman, « Ob es sich lohnen könnte, über Kants Auffassungen von Sexualität und Ehe nachzudenken ? », in *Deutsche Zeitschrift für Philosophie*, 1995, vol. 43, p. 967-988.

5. On trouve un traitement exemplaire de ce problème dans le texte de Joel Feinberg, « The Nature and Value of Rights » in *Rights, Justice and the Bounds of Liberty. Essays in Social Philosophy*, Princeton, Princeton University Press, 1980, p. 143 et suivantes. Voir aussi A. Honneth, *La lutte pour la reconnaissance*, p. 131-147.

6. Sur ce point, voir surtout le livre de R. Castel, *Les métamorphoses de la question sociale*, Paris, Fayard, 1995.

7. Voir Andreas Kuhlmann, « Menschen im Begabungstest », in *WestEnd. Neue Zeitschrift für Sozialforschung*, 2004, vol. 1, p. 143-154.

8. Voir J.-P. Sartre, *Réflexions sur la question juive*, Paris, Gallimard, « Folio », 2000. C. MacKinnon propose une critique également convaincante de l'explica-

tion « intellectualiste » de l'objectivation des femmes. Voir *Le féminisme irréductible*, Paris, Éditions des femmes, 2005.

9. Sur ces développements, je suis redevable à Stephan Voswinkel, qui conduit actuellement à l'Institut für Sozialforschung de Francfort un projet de recherche sur les transformations des entretiens d'embauche financée par Deutsche Forschungsgemeinschaft (DFG).

10. Voir, entre autres références, Elizabeth Jagger, « Marketing the Self, buying an other : Dating in a postmodern consumer society », in *Sociology. Journal of the British Sociological Association*, vol. 32, 4, 1998, p. 795-814.

11. A. Honneth, « Pathologien des Sozialen », *op. cit.*

*Index**

* Établi par Stéphane Haber.

nrf essais

NRF Essais n'est pas une collection au sens où ce mot est communément entendu aujourd'hui; ce n'est pas l'illustration d'une discipline unique, moins encore le porte-voix d'une école ni celui d'une institution.

NRF Essais est le pari ambitieux d'aider à la défense et restauration d'un genre : l'essai. *L'essai est exercice de pensée, quels que soient les domaines du savoir : il est mise à distance des certitudes reçues sans discernement, mise en perspective des objets faussement familiers, mise en relation des modes de pensée d'ailleurs et d'ici. L'essai est une interrogation au sein de laquelle la question, par les déplacements qu'elle opère, importe plus que la réponse.*

Éric Vigne

(Les titres précédés d'un astérisque ont originellement paru dans la collection Les Essais.*)*

Raymond Abellio *Manifeste de la nouvelle Gnose.*

* Theodor W. Adorno *Essai sur Wagner* (*Versuch über Wagner*; traduit de l'allemand par Hans Hildenbrand et Alex Lindenberg).

Svetlana Alpers *L'atelier de Rembrandt. La liberté, la peinture et l'argent* (*Rembrandt's Enterprise. The Studio and the Market*; traduit de l'anglais [États-Unis] par Jean-François Sené).

Svetlana Alpers *La création de Rubens* (*The Making of Rubens*; traduit de l'anglais [États-Unis] par Jean-François Sené).

Bronislaw Baczko *Comment sortir de la Terreur. Thermidor et la Révolution.*

Bronislaw Baczko *Job mon ami. Promesses du bonheur et fatalité du mal.*

Alain Bancaud *Une exception ordinaire. La magistrature en France 1930-1950.*

Gilles Barbedette *L'invitation au mensonge. Essai sur le roman.*

Jean-Pierre Baton et Gilles Cohen-Tannoudji *L'horizon des particules. Complexité et élémentarité dans l'univers quantique.*

Pierre Birnbaum *Géographie de l'espoir. L'exil, les Lumières, la désassimilation.*

Michel Blay *Les raisons de l'infini. Du monde clos à l'univers mathématique.*

Luc Boltanski *La condition fœtale. Une sociologie de l'engendrement et de l'avortement.*

Luc Boltanski et Ève Chiapello *Le nouvel esprit du capitalisme.*

Luc Boltanski et Laurent Thévenot *De la justification. Les économies de la grandeur.*

Jorge Luis Borges *Entretiens sur la poésie et la littérature* suivi de *Quatre essais sur J. L. Borges* (*Borges the Poet*; traduit de l'anglais [États-Unis] par François Hirsch).

Pierre Bouretz *Les promesses du monde. Philosophie de Max Weber.*

Pierre Bouretz *Témoins du futur. Philosophie et messianisme.*

Pierre Bouretz *Qu'appelle-t-on philosopher ?*

* Michel Butor *Essais sur les Essais.*

Roberto Calasso *Les quarante-neuf degrés* (*I quarantanove gradini*; traduit de l'italien par Jean-Paul Manganaro).

* Albert Camus *Le mythe de Sisyphe. Essai sur l'absurde.*

* Albert Camus *Noces.*

Pierre Carrique *Rêve, vérité. Essai sur la philosophie du sommeil et de la veille.*

Barbara Cassin *L'effet sophistique.*

* Cioran *La chute dans le temps.*

* Cioran *Le mauvais démiurge.*

* Cioran *De l'inconvénient d'être né.*

* Cioran *Écartèlement.*

* Jean Clair *Considérations sur l'état des beaux-arts. Critique de la modernité.*

Élisabeth Claverie *Les guerres de la Vierge. Une anthropologie des apparitions.*

Robert Darnton *Édition et sédition. L'univers de la littérature clandestine au XVIIIe siècle.*

Philippe Delmas *Le bel avenir de la guerre.*

Daniel C. Dennett *La stratégie de l'interprète. Le sens commun et l'univers quotidien* (*The Intentional Stance*; traduit de l'anglais [États-Unis] par Pascal Engel).

Vincent Descombes *Le complément de sujet. Enquête sur le fait d'agir de soi-même.*

Jared Diamond *Le troisième chimpanzé. Essai sur l'évolution et l'avenir de l'animal humain* (*The Third Chimpanzee. The Evolution and Future of the Human Animal*; traduit de l'anglais [États-Unis] par Marcel Blanc).

Jared Diamond *De l'inégalité parmi les sociétés. Essais sur l'homme et l'environnement dans l'histoire* (*Guns, Germs, and Steel. The Fates of Human Societies*; traduit de l'anglais [États-Unis] par Pierre-Emmanuel Dauzat).

Jared Diamond *Effondrement. Comment les sociétés décident de leur disparition ou de leur survie* (*Collapse. How Societies Chose to Fail or Succeed*; traduit de l'anglais [États-Unis] par Pierre-Emmanuel Dauzat).

Alain Dieckhoff *L'invention d'une nation. Israël et la modernité politique.*

Michel Dummett *Les sources de la philosophie analy-*

tique (*Ursprünge der analytischen Philosophie*; traduit de l'allemand par Marie-Anne Lescourret).

* Mircea Eliade *Briser le toit de la maison. La créativité et ses symboles* (textes traduits de l'anglais par Denise Paulme-Schaeffner et du roumain par Alain Paruit).

* Mircea Eliade *Occultisme, sorcellerie et modes culturelles* (*Occultism, Witchcraft and Cultural Fashions*; traduit de l'anglais [États-Unis] par Jean Malaquais).

Pascal Engel *La norme du vrai. Philosophie de la logique.*

* Etiemble et Yassu Gauclère *Rimbaud.*

Gérard Farasse *L'âne musicien. Sur Francis Ponge.*

Jean-Marc Ferry *La question de l'État européen.*

Alain Finkielkraut *La mémoire vaine. Du crime contre l'humanité.*

Michael Fried *La place du spectateur. Esthétique et origines de la peinture moderne* (*Absorption and Theatricality. Painting and Beholder in the Age of Diderot*; traduit de l'anglais [États-Unis] par Claire Brunet).

Michael Fried *Le réalisme de Courbet. Esthétique et origines de la peinture moderne II* (*Courbet's Realism*; traduit de l'anglais [États-Unis] par Michel Gautier).

Michael Fried *Le modernisme de Manet. Esthétique et origines de la peinture moderne III* (*Manet's Modernism or, The Face of Painting in the 1860s*; traduit de l'anglais [États-Unis] par Claire Brunet).

Stephen Jay Gould *La structure de la théorie de l'évolution* (*The Structure of Evolutionary Theory*; traduit de l'anglais [États-Unis] par Marcel Blanc).

Ilan Greilsammer *La nouvelle histoire d'Israël. Essai sur une identité nationale.*

Pierre Guenancia *L'intelligence du sensible. Essai sur le dualisme cartésien.*

Jürgen Habermas *Droit et Démocratie. Entre faits et*

normes (*Faktizität und Geltung. Beiträge zur Diskurstheorie des Rechts und des demokratischen Rechtsstaats*; traduit de l'allemand par Rainer Rochlitz et Christian Bouchindhomme).

Jürgen Habermas *Vérité et justification* (*Wahrheit und Rechtfertigung. Philosophische Aufsätze*; traduit de l'allemand par Rainer Rochlitz).

Jürgen Habermas *L'avenir de la nature humaine. Vers un eugénisme libéral ?* (*Die Zukunft der menschlichen Natur. Auf dem Weg zu einer liberalen Eugenik ?*; traduit de l'allemand par Christian Bouchindhomme).

Pierre Hadot *Le voile d'isis. Sur l'histoire de l'idée de nature.*

François Hartog *Mémoire d'Ulysse. Récits sur la frontière en Grèce ancienne.*

Stephen Hawking et Roger Penrose *La nature de l'espace et du temps* (*The Nature of Space and Time*; traduit de l'anglais [États-Unis] par Françoise Balibar).

Nathalie Heinich *États de femmes. L'identité féminine dans la fiction occidentale.*

Raul Hilberg *Exécuteurs, victimes, témoins. La catastrophe juive 1933-1945* (*Perpetrators Victims Bystanders. The Jewish Catastrophe 1933-1945*; traduit de l'anglais [États-Unis] par Marie-France de Paloméra).

Raul Hilberg *Holocauste : les sources de l'histoire* (*Sources of Holocaust Research*; traduit de l'anglais [États-Unis] par Marie-France de Paloméra).

Axel Honneth *La réification. Petit traité de Théorie critique* (*Verdinglichung. Eine anerkennungstheoretische Studie*; traduit de l'allemand par Stéphane Haber).

Christian Jouhaud *Les pouvoirs de la littérature. Histoire d'un paradoxe.*

Ian Kershaw *Hitler. Essai sur le charisme en politique*

(*Hitler*; traduit de l'anglais par Jacqueline Carnaud et Pierre-Emmanuel Dauzat).

Ben Kiernan *Le génocide au Cambodge 1975-1979. Race, idéologie et pouvoir* (*The Pol Pot Regime. Races, Power, and Genocide in Cambodia under the Khmer Rouge, 1975-79*; traduit de l'anglais [États-Unis] par Marie-France de Paloméra).

* Alexandre Koyré *Introduction à la lecture de Platon* suivi de *Entretiens sur Descartes.*

Julia Kristeva *Le temps sensible. Proust et l'expérience littéraire.*

Thomas Laqueur *La fabrique du sexe. Essai sur le corps et le genre en Occident* (*Making Sex. Body and Gender from the Greeks to Freud*; traduit de l'anglais [États-Unis] par Michel Gautier).

Thomas Laqueur *Le sexe en solitaire. Contribution à l'histoire culturelle de la sexualité* (*Solitary sex. A cultural history of Masturbation*; traduit de l'anglais [États-Unis] par Pierre-Emmanuel Dauzat).

J.M.G. Le Clézio *Le rêve mexicain ou la pensée interrompue.*

Jean-Marc Lévy-Leblond *Aux contraires. L'exercice de la pensée et la pratique de la science.*

Jacqueline Lichtenstein *La tache aveugle. Essai sur les relations de la peinture et de la sculpture à l'âge moderne.*

* Gilles Lipovetsky *L'ère du vide. Essais sur l'individualisme contemporain.*

Gilles Lipovetsky *Le crépuscule du devoir. L'éthique indolore des nouveaux temps démocratiques.*

Gilles Lipovetsky *La troisième femme. Permanence et révolution du féminin.*

Gilles Lipovetsky *Le bonheur paradoxal. Essai sur la société d'hyperconsommation.*

Nicole Loraux *Les expériences de Tirésias. Le féminin et l'homme grec.*

Nicole Loraux *La voix endeuillée. Essai sur la tragédie grecque.*

Giovanni Macchia *L'ange de la nuit. Sur Proust* (*L'angelo della notte*; *Proust e dintorni*; traduit de l'italien par Marie-France Merger, Paul Bédarida et Mario Fusco).

Gérard Mairet *La fable du monde. Enquête philosophique sur la liberté de notre temps.*

Christian Meier *La naissance du politique* (*Die Entstehung des Politischen bei den Griechen*; traduit de l'allemand par Denis Trierweiler).

* Yves Michaud *Violence et politique.*

Jonathan Moore (sous la direction de) *Des choix difficiles. Les dilemmes moraux de l'humanitaire* (*Hard Choices. Moral Dilemmas in Humanitarian Intervention*; traduit de l'anglais [États-Unis] par Dominique Leveillé).

Frédéric Musso *Albert Camus ou la fatalité des natures.*

Pierre Pachet *La force de dormir. Essai sur le sommeil en littérature.*

Thomas Pavel *La pensée du roman.*

* Octavio Paz *L'arc et la lyre* (*El arco y la lira*; traduit de l'espagnol [Mexique] par Roger Munier).

* Octavio Paz *Conjonctions et disjonctions* (*Conjunciones y Diyunciones*; traduit de l'espagnol [Mexique] par Robert Marrast).

* Octavio Paz *Courant alternatif* (*Corriente alterna*; traduit de l'espagnol [Mexique] par Roger Munier).

* Octavio Paz *Deux transparents. Marcel Duchamp et Claude Lévi-Strauss* (*Marcel Duchamp, Claude Lévi-Strauss o el nuevo Festín de Esopo*; traduit de l'espagnol [Mexique] par Monique Fong-Wust et Robert Marrast).

* Octavio Paz *Le labyrinthe de la solitude* suivi de *Critique de la pyramide* (*El laberinto de la soledad*; *Pos-*

data; traduit de l'espagnol [Mexique] par Jean-Clarence Lambert).

* Octavio Paz *Marcel Duchamp : l'apparence mise à nu* (*Apariencia desnuda, la obra de Marcel Duchamp. El Castillo de la Pureza. * water writes always in * plural*; traduit de l'espagnol [Mexique] par Monique Fong).

Philip Pettit *Républicanisme. Une théorie de la liberté et du gouvernement* (*Republicanism. A Theory of Freedom and Government*; traduit de l'anglais par Patrick Savidan et Jean-Fabien Spitz).

Jackie Pigeaud *L'Art et le Vivant.*

Joëlle Proust *Comment l'esprit vient aux bêtes. Essai sur la représentation.*

Hilary Putnam *Représentation et réalité* (*Representation and Reality*; traduit de l'anglais [États-Unis] par Claudine Engel-Tiercelin).

David M. Raup *De l'extinction des espèces. Sur les causes de la disparition des dinosaures et de quelques milliards d'autres* (*Extinction, Bad Genes or Bad Luck ?*; traduit de l'anglais [États-Unis] par Marcel Blanc).

Jean-Pierre Richard *L'état des choses. Études sur huit écrivains d'aujourd'hui.*

Rainer Rochlitz *Le désenchantement de l'art. La philosophie de Walter Benjamin.*

Rainer Rochlitz *Subversion et subvention. Art contemporain et argumentation esthétique.*

Rainer Rochlitz *L'art au banc d'essai. Esthétique et critique.*

* Emir Rodriguez Monegal *Neruda le voyageur immobile* (*El Viajero inmovil*; traduit de l'espagnol par Bernard Lelong).

Claude Romano *Le chant de la vie. Phénoménologie de Faulkner.*

Philippe Roussin *Misère de la littérature, terreur de l'histoire. Céline et la littérature contemporaine.*

Marc Sadoun *De la démocratie française. Essai sur le socialisme.*

Marc Sadoun (sous la direction de) *La démocratie en France*, tome 1 : *Idéologies*; tome 2 : *Limites.*

Elias Sanbar *Figures du Palestinien. Identité des origines, identité de devenir.*

Jean-Paul Sartre *Vérité et existence.*

Jean-Marie Schaeffer *L'art de l'âge moderne. L'esthétique et la philosophie de l'art du XVIIIe siècle à nos jours.*

Jean-Marie Schaeffer *Les célibataires de l'art. Pour une esthétique sans mythes.*

Dominique Schnapper *La communauté des citoyens. Sur l'idée moderne de nation.*

Dominique Schnapper *La relation à l'Autre. Au cœur de la pensée sociologique.*

Dominique Schnapper *La démocratie providentielle. Essai sur l'égalité contemporaine.*

Jerome B. Schneewind *L'invention de l'autonomie. Une histoire de la philosophie morale moderne* (*The Invention of Autonomy. A History of Modern Moral Philosophy*; traduit de l'anglais [États-Unis] par Jean-Pierre Cléro, Pierre-Emmanuel Dauzat et Évelyne Meziani-Laval).

John R. Searle *La redécouverte de l'esprit* (*The Rediscovery of the Mind*; traduit de l'anglais [États-Unis] par Claudine Tiercelin).

John R. Searle *La construction de la réalité sociale* (*The Construction of Social Reality*; traduit de l'anglais [États-Unis] par Claudine Tiercelin).

Jean-François Sirinelli (sous la direction de) *Histoire des droites en France*, tome 1 : *Politique*, tome 2 : *Cultures*, tome 3 : *Sensibilités.*

Wolfgang Sofsky *Traité de la violence* (*Traktat über die Gewalt*; traduit de l'allemand par Bernard Lortholary).

Wolfgang Sofsky *L'ère de l'épouvante. Folie meur-*

trière, terreur, guerre (*Zeiten des Schreckens. Amok, Terror, Krieg*; traduit de l'allemand par Robert Simon).

Jean-Fabien Spitz *Le moment républicain en France.*

Jean Starobinski *Le remède dans le mal. Critique et légitimation de l'artifice à l'âge des Lumières.*

George Steiner *Réelles présences. Les arts du sens* (*Real Presences. Is there anything in what we say ?*; traduit de l'anglais par Michel R. de Pauw).

George Steiner *Passions impunies* (*No passion spent*; traduit de l'anglais par Pierre-Emmanuel Dauzat et Louis Évrard).

George Steiner *Grammaires de la création* (*Grammars of creation*; traduit de l'anglais par Pierre-Emmanuel Dauzat).

George Steiner *Maîtres et disciples* (*Lessons of the Masters*; traduit de l'anglais par Pierre-Emmanuel Dauzat).

* Salah Stétié *Les porteurs de feu et autres essais.*

Ian Tattersall *L'émergence de l'homme. Essai sur l'évolution et l'unicité humaine* (*Becoming Human. Evolution and Human Uniqueness*; traduit de l'anglais [États-Unis] par Marcel Blanc).

* Miguel de Unamuno *L'essence de l'Espagne* (*En torno al Casticismo*; traduit de l'espagnol par Marcel Bataillon).

Jean-Marie Vaysse *L'inconscient des Modernes. Essai sur l'origine métaphysique de la psychanalyse.*

Patrick Verley *L'échelle du monde. Essai sur l'industrialisation de l'Occident.*

Paul Veyne *René Char en ses poèmes.*

Michael Walzer *Traité sur la tolérance* (*On Toleration*; traduit de l'anglais [États-Unis] par Chaïm Hutner).

Bernard Williams *L'éthique et les limites de la philosophie* (*Ethics and the Limits of Philosophy*; traduit de l'anglais par Marie-Anne Lescourret).

Bernard Williams *Vérité et véracité. Essai de généalogie* (*Truth and Truthfulness. An Essay in Genealogy*; traduit de l'anglais par Jean Lelaidier).

Yosef Hayim Yerushalmi *Le Moïse de Freud. Judaïsme terminable et interminable* (*Freud's Moses. Judaism Terminable and Interminable*; traduit de l'anglais [États-Unis] par Jacqueline Carnaud).

Levent Yilmaz *Le temps moderne. Variations sur les Anciens et les contemporains.*

Composition Interligne.
Achevé d'imprimer
sur Roto-Page
par l'Imprimerie Floch
à Mayenne, le 7 septembre 2007.
Dépôt légal : septembre 2007.
1er dépôt légal : février 2007.
Numéro d'imprimeur : 69109.

ISBN 978-2-07-078292-5 / Imprimé en France.

155647